Jacques Le Goff

Kaufleute und Bankiers im Mittelalter

JACQUES LE GOFF

Kaufleute und Bankiers im Mittelalter

Aus dem Französischen
von Friedel Weinert

Verlag Klaus Wagenbach Berlin

Die französische Originalausgabe erschien 1956 unter dem Titel *Marchands et banquiers du Moyen-Âge* bei Presses Universitaires de France in Paris.

Die erste deutsche Ausgabe erschien 1989 unter dem Titel *Kaufleute und Bankiers im Mittelalter* als Fischer Taschenbuch in Frankfurt am Main.

Wagenbachs Taschenbuch 520
2. Auflage 2009

Umschlaggestaltung Julie August unter Verwendung des Gemäldes *Der Goldwäger und seine Frau,* (1514) von Quentin Massys. Autorenphoto von Jacques Sassier © Gallimard. Das Karnickel auf Seite 1 zeichnete Horst Rudolph. Gesetzt aus der Dante. Gedruckt und gebunden bei Pustet, Regensburg.

ISBN 978 3 8031 2520 0

Inhalt

EINLEITUNG

Der hier vorgelegte Abriß verfolgt eng umgrenzte Ziele. Die aufgrund der unzureichenden Quellen und Untersuchungen noch nicht stichhaltig untermauerten Mutmaßungen wurden ebenso wenig berücksichtigt wie die unter Gelehrten und Historikern umstrittenen Punkte, die noch nicht als eine – wenn auch vorläufige – Errungenschaft der Wissenschaft gelten; ausgeklammert wurden auch Randgebiete, die nur von einigen wenigen Pionieren der historischen Forschung erkundet werden, leider mußte auch die Erörterung umstrittener Probleme der Darstellung des gegenwärtigen Standes der erworbenen Kenntnisse geopfert werden.

Zu Beginn dieser kleinen Schrift gilt es jedoch, diese Beschränkungen wenigstens zu erklären, wenn auch nicht zu rechtfertigen, die Probleme zu benennen und die Wege anzudeuten, die die Forscher einschlagen.

Wir haben uns erstens auf den geographischen Rahmen des christlichen Europas beschränkt. Damit sollte die Kohärenz der Darstellung erhöht werden, obwohl man sicher an Horizont einbüßt. Der Verzicht auf eine Behandlung des byzantinischen oder moslemischen Kaufmanns bedeutete, noch wenig bekannte Akteure, die unterschiedlichen und selbst feindlichen Zivilisationen angehörten, aus der Diskussion auszuschließen. Auch wenn der Handel zuweilen Konflikte hervorrief, so war er doch in erster Linie ein wichtiges Bindeglied zwischen geographischen Räumen, Zivilisationen und Völkern. Selbst während der Kreuzzüge hörten die Handelsverbindungen zwischen dem christlichen Abendland und der moslemischen Welt – die anderen Kontakten als Stütze dienten – nicht auf. Man kann gar davon ausgehen, daß Orient und Okzident durch das Aufkommen des Islams nicht getrennt, sondern wieder zusammengeführt wurden, und der Islam durch seine großen städtischen

Konsumzentren eine Nachfrage nach Produkten schuf, die die kommerzielle Erneuerung des barbarischen Abendlands hervorrief. Jedenfalls steht fest, daß der venezianische Kaufmann sein Vermögen durch den Kontakt mit Byzanz erwarb und daß die großen italienischen Hafenstädte den Hauptteil ihres Vermögens aus dem griechisch-moslemischen Bereich – von Ceuta bis Trabson, von Byzanz bis Alexandria – schöpften. Übernahm der christliche Kaufmann, dessen Aktivität erst nach dem Wirken des byzantinischen oder arabischen Kaufmanns einsetzte, nicht deren Methoden, Mentalitäten und Einstellungen?

Da wir uns allein mit dem Kaufmann beschäftigen, glaubten wir diese Preisgabe des Orients hinnehmen zu können, die jedoch unverzeihlich gewesen wäre, hätte der mittelalterliche Handel im Zentrum unseres Interesses gestanden. Das ist die zweite Einschränkung der vorliegenden Arbeit: der Handel im eigentlichen Sinne des Wortes – wozu die Untersuchung seiner Absatzmärkte, seiner Routen, seiner Instrumente, seiner Produkte und seiner Entwicklung gehört – wird nicht als solcher erörtert werden. Uns interessieren hier vielmehr die Männer, die sich dem Handel widmeten. Der christliche Kaufmann stand – auch wenn sein berufliches Wirken stark der Berufstätigkeit seiner orientalischen Kollegen ähnelte – in einem ganz anderen politischen, religiösen und kulturellen Kontext. Unser besonderes Augenmerk gilt hier seiner Rolle in seiner Stadt, seinem Staat, seiner Gesellschaft und seiner Zivilisation. Besondere Aufmerksamkeit wird seinem Reichtum und seiner Macht außerhalb des wirtschaftlichen Raumes geschenkt.

Aber auch unter diesen Männern galt es noch auszuwählen. Hier mußten die kleinen geopfert werden: Krämer, Kleinwucherer, Hausierer. Die wenigen über sie existierenden persönlichen Quellen, die Schwierigkeit des Historikers, unter ihnen individuelle Existenzen auszumachen, sowie der Wunsch, vor allem Persönlichkeiten vorzustellen, deren wirtschaftliche Macht ihnen eine erstrangige Rolle in der Politik, in der Kunst und auf dem Markt zuwies, haben diese Wahl begünstigt. Folglich sollen vor allem die *negociatores* und *mercatores* untersucht werden. Man nannte sie Geschäftsleute, und diese Bezeichnung ist sehr treffend, denn sie bringt die ganze Ausdehnung und Komplexität ihrer Interessen zum Ausdruck: Handel im eigentlichen Sinne des Wortes, finanzielle Operationen aller Art, Spekulationen, Grundstücksinvestitionen. Es seien hier nur die beiden Pole ihrer Tätigkeit genannt: Handels- und Bankgeschäfte. Sprach das Mittelalter selbst nicht vom Kaufmannsbanquier, um die mächtigsten und repräsentativsten unter ihnen zu bezeichnen? Dieser Typus ist mit der im 11. Jahrhundert einsetzenden wirtschaftlichen Aufschwungphase des christlichen Europas verbunden. Wir haben darauf verzichtet, vom Kaufmann des Frühmittelalters zu sprechen. Man wird darin eine Verlegenheit sehen. Aber dieser Verzicht erspart uns die Darstellung der zahlreichen kontroversen Thesen über die Kaufleute im Frühmittelalter. Es braucht also nicht von den vielen Gegensätzen die Rede zu sein: von der Zahl der Kaufleute und ihrer Bedeutung – für manche Forscher ist sie gering, für andere bereits groß –, von ihrer Eigenart – waren sie spezialisierte Kaufleute oder Gelegenheitshändler, unabhängige Kaufleute oder an Fürsten oder religiöse Einrichtungen gebunden, waren sie einfache Hausierer oder bereits weitblickende Kapitalisten? –; auch von ihrer Nationalität – Juden oder Einheimische – braucht nicht die Rede zu sein, noch vom Hauptproblem, das an sich schon schwierig ist und durch die verschiedenen Theorien noch schwieriger wird, nämlich dem Problem ihrer Herkunft – waren sie ein Überbleibsel der Vergangenheit, der griechisch-römischen Welt, umherziehende Abenteurer oder Grundeigentümer, die anfingen, ihre Kapitalien in den Handel zu investieren?

Jedenfalls konnte so leichter entschieden werden, ob man einem chronologischen oder systematischen Plan folgen sollte. Was unmöglich gewesen wäre, wenn wir von den mittelalterlichen Ursprüngen ausgegangen wären, erschien in unserem zeitlichen Rahmen legitim, da die fundamentalen Lebensbedingungen des christlichen Großkaufmanns nach der »kommerziellen Revolution« – sie trägt zu Recht diesen Namen – relativ stabil blieben. Es wurde daher ein systematischer Abriß gewählt:

Unter Berücksichtigung der Beziehungen zwischen den verschiedenen Einstellungen, die sich in einer Person bündeln, betrachten wir zuerst den Kaufmannsbanquier in seinem Kontor oder auf dem Markt – das heißt, bei seiner beruflichen Tätigkeit –, dann in seinem Verhältnis gegenüber dem Adligen, dem Arbeiter, der Stadt, dem Staat – also in seiner sozialen und politischen Rolle –, dann gegenüber der Kirche und gegenüber seinem eigenen Gewissen – das heißt, in seiner religiösen und moralischen Einstellung – und schließlich gegenüber Bildung, Kunst und Zivilisation – also in seiner kulturellen Rolle.

Diese Auswahl gab zu gewissen Vorbehalten Anlaß. Die Bedenken haben im Text Spuren hinterlassen, die nicht nur gerechtfertigt, sondern auch notwendig erscheinen.

Wenn einerseits nur der christliche Kaufmann im Blickpunkt steht, so sind doch andererseits weder die geographischen Ausmaße seiner Tätigkeit noch die beruflichen und moralischen Probleme verschwiegen worden, die durch den Kontakt mit einer durch Kirchenspaltung, Häresie oder Heidentum charakterisierten Welt entstanden. Es ist nicht vergessen worden, daß der Horizont des christlichen Kaufmanns sehr viel weiter reichte als der vieler moderner Gelehrter, die über ihn gearbeitet haben. Wenn Marco Polo ein Ausnahme- oder vielmehr Extremfall war, so folgten doch viele seiner Kollegen in Gedanken den Spuren, die seine abenteuerliche Reise hinterlassen hatte.

Da man weder vom Kaufmann noch vom Bankier sprechen kann, ohne sein professionelles Leben zu berücksichtigen, wurde auch auf die Handelsmethoden und -organisationen eingegangen.

Im Schatten der uns beschäftigenden mächtigen Persönlichkeiten standen die kleinen und bescheidenen Händler, die das Bindegewebe dieser Welt bildeten, die man ohne sie nicht verstehen könnte. Der Leser kann ihre anonymen Gesichtszüge zwischen den Zeilen ablesen. Im Anschluß an bedeutende Historiker mußte natürlich auch die Frage gestellt werden, was der Unterscheidung zwischen großen und kleinen Kaufleuten im Mittelalter entsprach und ob sie auf den Gegensatz zwischen Groß- und Kleinhandel zurückgeführt werden kann.

Wenn auch das Problem der Herkunft des christlichen Kaufmanns im Frühmittelalter unter seinem historizierenden Aspekt außer acht gelassen werden mußte, so wurde doch weder das damit verknüpfte Problem der Händlergenerationen – Neureiche oder ihre Söhne – noch das damit verbundene Problem der Grundstücksinteressen der mittelalterlichen Geschäftsleute beiseite gelassen.

Selbst innerhalb eines grundsätzlich unverändert gebliebenen geographischen und chronologischen Rahmens mußte sowohl die räumliche Verschiedenheit – der italienische Kaufmann ist nicht der hansische Kaufmann – als auch die zeitliche Entwicklung in Rechnung gestellt werden: der Pionier des 12. Jahrhunderts ist nicht der Emporkömmling des 13. Jahrhunderts, die Krisen des 14. Jahrhunderts erzeugen einen anderen Typ von Geschäftsmann als der Wohlstand des 13. Jahrhunderts, der politische Rahmen des Fürstentums oder der nationalen Monarchie formt eine andere Händlerpersönlichkeit als das Gemeindewesen voraufgegangener Jahrhunderte. Es sollte nicht aus den Augen verloren werden, daß sich das Übergewicht zugunsten des italienischen Kaufmanns durch den außerordentlichen Reichtum an Quellen erklärt sowie durch die Anzahl und Qualität der ihm gewidmeten Publikationen, durch den »Pionier«-Charakter seiner Methoden und durch seine Blickweite, die ihn zu einer musterhaften Persönlichkeit machten. Anderenorts war man jedoch im allgemeinen bei weitem nicht so fortgeschritten wie in Italien.

So bleibt nur noch zu hoffen, daß der Leser den Kaufmann an die Seite jener sozialen Stände stellt, die das Mittelalter bestimmt haben. Hier, unter jenen Figuren, die in den pessimistischen Totentanzdarstellungen des ausgehenden Mittelalters abgebildet werden, neben dem Ritter, dem Mönch, dem Universitätsgelehrten und dem Bauern hat auch der Kaufmann seinen Platz. Der Kaufmann machte Geschichte genau wie sie und viele andere, die eines Tages hoffentlich – dem schönen Anspruch von Lucien Febvre folgend – das »Anrecht auf Geschichte« erhalten werden.

I. HANDEL ALS BERUF

1. Die kommerzielle Revolution

Die kommerzielle Revolution zwischen dem 11. und 13. Jahrhundert war mit einigen wichtigen Phänomenen verbunden, von denen nur schwer zu sagen ist, in welchem Maße sie die Ursache oder die Wirkung dieser Revolution waren.

Zuerst sei das Ende der Völkerwanderung vermerkt. Die Germanen, Skandinavier, die eurasischen Steppennomaden und die Sarazenen unterließen ihre Vorstöße ins Zentrum des Christentums und verschonten seine Ränder. Den Kämpfen folgten friedliche Formen des Austauschs – die sich bereits inmitten der Kämpfe entwickelt hatten –, so daß die feindlichen Welten sich als große Produktions- und Konsumstätten erwiesen: Der Norden und der Orient boten Weizen, Felle und Sklaven an, während die großen Metropolen des Islams, in die die Edelmetalle aus Afrika und Asien zum Tausch flossen, sich öffneten.

Den Überfällen und Plünderungen folgte ein relativ stabiler Friede, so daß die wiedergewonnene Sicherheit den Aufschwung der Wirtschaft und vor allem, da Land- und Seerouten ungefährlicher geworden waren, die Wiederaufnahme, wenn nicht sogar die Verstärkung des Handels ermöglichte. Durch den Rückgang der gewaltbedingten Sterblichkeit und die Verbesserung der Ernährungs- und Existenzweisen erfolgte ein außergewöhnlicher demographischer Aufschwung, der dem Christentum Verbraucher, Produzenten und Arbeitskräfte bereitstellte, also einen Vorrat an Menschen, aus dem der Handel schöpfen konnte. Als die Bewegung sich umkehrte und das Christentum seinerseits zum

Angriff überging, war die militärische Episode der Kreuzzüge nur noch eine epische Fassade, in deren Schatten sich der friedliche Handel intensivierte.

Mit diesem Wandel war als kapitale Erscheinung die Geburt oder Wiedergeburt der Städte verbunden. Ob Neuschöpfungen oder alte Ballungsräume, der neuartige und wesentliche Charakterzug der Städte bestand im Vorrang der ökonomischen Funktion. Als Etappenstädte auf den Handelsrouten, Verkehrsknotenpunkten oder See- und Flußhäfen lag ihr Lebenszentrum neben dem feudalen Kastell und dem militärischen oder religiösen Stadtkern, d.h. im neuen Viertel mit den Geschäften, dem Markt und dem Umschlagplatz für Waren. Denn die Fortschritte des Handels waren mit der Entwicklung der Städte verbunden; und der Aufschwung der Kaufleute ist im Rahmen der Stadt zu sehen.

Die ersten Zeichen der kommerziellen Revolution zeigten sich in den verschiedenen Regionen der Christenheit mit unterschiedlicher Intensität. Drei große Zentren kristallisierten sich heraus, in denen sich die europäische Handelsaktivität zu konzentrieren begann. Da das Mittelmeer und der Norden die beiden Pole des internationalen Handels darstellten (der moslemische und der slavisch-skandinavische Bereich), bildeten sich beim Vorstoß des Christentums in diese beiden Gravitationszentren zwei Randzonen mit mächtigen Handelsstädten heraus: in Italien und, in geringerem Maß, in der Provence und in Spanien; sowie in Norddeutschland. Das erklärt die Vorrangstellung von zwei Kaufmannstypen im mittelalterlichen Europa: den Italienern und den Mitgliedern der Hanse, die ihre eigenen geographischen Räume, ihre eigenen Methoden und Persönlichkeiten hatten. Beide Bereiche verband eine Berührungszone, die sich dadurch auszeichnete, daß sie der Austauschfunktion zwischen den beiden Handelsgebieten sehr bald eine industrielle, produzierende Funktion hinzufügte: es handelte sich um das nordwestliche Europa – d.h. Südost-England, die Normandie, Flandern, die Champagne und die Gegenden um Maas und Niederrhein. Der Nordwesten Europas war das große Tuchzentrum und das einzige Gebiet des mittelalterlichen Europas – zusammen mit Nord- und Mittelitalien –, bei dem man von Industrie sprechen konnte. Hanseaten und Italiener kauften auf den Märkten und Messen der Champagne und Flanderns die Produkte der europäischen Textilindustrie, zusammen mit Nahrungsmitteln aus dem Norden und dem Orient. Denn während dieser ersten Geburts- und Entstehungsphase war der mittelalterliche Kaufmann vor allem ein wandernder Kaufmann.

2. Der wandernde Kaufmann

Die Handelswege

Auf den Land- und Wasserstraßen, auf denen er seine Waren transportierte, stieß der wandernde Kaufmann oft auf Hindernisse, zunächst galt es eine Reihe von natürlichen Hindernissen zu überwinden. Reiste man über Land, so waren die Berge zu meistern; zwar waren die Wege weniger holprig, als manchmal behauptet wurde, bequemer als die antiken Straßen aus Steinplatten und Zement, aber dennoch sehr primitiv. Bedenkt man, daß die großen Handelsstraßen von Norden nach Süden die Pyrenäen und vor allem die Alpen überwinden mußten – sie waren für den Verkehr zwar leichter zugänglich, aber das angewachsene Warenvolumen erhöhte die Schwierigkeiten –, so begreift man, was der Transport einer Ladung zum Beispiel von Flandern nach Italien an Mühe und Risiko kostete. Auch darf nicht vergessen werden, daß, selbst wenn auf gewissen Abschnitten noch erhaltene römische Teilstrecken benutzt wurden und auf manchen Routen richtige Straßen verfügbar waren, eine mittelalterliche Straße zuweilen als solche überhaupt nicht zu erkennen war. Darüber hinaus waren die Transportmittel überaus mangelhaft. Zweifellos waren die seit dem 10. Jahrhundert erzielten Verbesserungen des Gespanns eine hinreichende, wenn nicht sogar notwendige technische Bedingung für den

Aufschwung des Handels, aber auf den ungepflasterten Wegen hatten die technischen Verbesserungen nur eine beschränkte Wirkung. Neben schweren vierrädrigen Wagen und leichten zweirädrigen Wagen wurden Lasttiere – Maultiere und Pferde – mit Packsattel und Seitentaschen als Transportmittel eingesetzt.

Hinzu kamen Wegelagerer und Grundherren oder Stadtväter, die im Diebstahl oder in der mehr oder weniger legalen Beschlagnahme von Warenladungen eine willkommene Einkommensquelle fanden. Vor allem kamen die häufigeren und regelmäßigeren Taxen, Gefälle und Zölle aller Art hinzu, die von zahlreichen Grundherren, Städten und Gemeinden an Brücken, Furten oder für die Durchquerung ihres Landes erhoben wurden – denn es war eine Zeit extremer territorialer und politischer Zersplitterung. Solange diese Abgaben wenigstens für die Instandhaltung der Wegstrecken gefordert wurden, konnten die Kosten dem Kaufmann gerechtfertigt erscheinen. Tatsächlich bauten die Grundherren, Klöster und vor allem die Bürger ab dem 13. Jahrhundert Brücken, die den Verkehr erleichterten und vermehrten und woraus sie beachtliche direkte und indirekte Einnahmen bezogen. Manchmal wurden wahre Kunstwerke »auf Kosten der Benutzer«, also der Kaufleute, erbaut, wie zum Beispiel die Hängebrücke. Die erste Brücke dieser Art eröffnete 1237 die kürzeste Strecke zwischen Deutschland und Italien über den Sankt Gotthard. Die Kosten fielen erst gegen Ende des Mittelalters, als die Könige und Fürsten im Rahmen der Strukturierung des zentralisierten Staates anfingen, öffentliche Baupolitik und eine systematische Ablösung der Zölle zu betreiben. Zu den Mühen und ungewissen Gefahren kamen die für den Kaufmann festen Kosten hinzu, die den Landtransport so verteuerten. Für die seltenen und teuren Produkte: Sklaven, Luxustuche und vor allem »Gewürze« – der Ausdruck stand für eine Reihe von teuren Waren mit geringem Volumen, die für die Toilette, die Pharmazie, Färberei und Küche gebraucht wurden – betrugen die Transportkosten nur 20% bis 25% des ursprünglichen Preises, aber bei den von A. Sapori als »arme Waren« bezeichneten schweren und voluminösen Waren – Weizen, Wein und Salz – beliefen sich die Transportkosten auf 100% bis 150% und mehr des ursprünglichen Wertes.

Die Flußwege

Neben dem Landwege konnte der mittelalterliche Kaufmann Wasserstraßen benutzen, die er auch in der Regel vorzog. Wo die Schiffbarkeit der Flüsse es zuließ, war der Transport von Waren auf Holzflößen und Kähnen weit verbreitet. In dieser Hinsicht ragten vor allem drei Wasserstraßen wegen ihres Verkehrsvolumens hervor. Norditalien mit dem Po und seinen Nebenflüssen bildete die größte inländische Schiffsroute des Mittelmeerraums und war – bei entsprechenden Proportionen – mit der Route der heutigen großen amerikanischen Seen vergleichbar. Die Rhônestraße, die sich bis zur Mosel und Maas erstreckte, war bis zum 14. Jahrhundert die große nord-südliche Handelsachse. Schließlich hatte die Verästelung der flämischen Flüsse, die ab dem 12. Jahrhundert durch ein künstliches Netz von Kanälen *(vaarten)*, Talsperren und Schleusen *(overdraghes)* vervollständigt wurde, für die kommerzielle Revolution des 13. Jahrhunderts die gleiche Bedeutung wie das englische Kanalsystem für die industrielle Revolution des 18. Jahrhunderts. Es muß noch der Flußweg von Rhein und Donau hinzugefügt werden, dem aufgrund der ökonomischen Entwicklung Mittel- und Süddeutschlands gegen Ende des Mittelalters wachsende Bedeutung zukam. In diesem ganzen Ausbauprogramm spielten die Kaufleute lange Zeit noch vor den Fürsten eine gewichtige Rolle.

Die Seewege

In noch weit höherem Maße aber war der Seetransport das hervorragende Transportmittel des internationalen Handels im Mittelalter. Er machte den Reichtum der großen *mercatores* aus. Dennoch waren auch hier die Schwierigkeiten groß.

An erster Stelle stand die Gefahr des Schiffbruchs und der Seeräuberei. Diese hat immer im großen Maßstab existiert. Sie war anfangs das Werk von privaten Seeleuten, wahren Unternehmern der Seeräuberei, die dieses Geschäft abwechselnd mit dem Handel betrieben und zu ihrer Ausübung regelrechte Verträge abschlossen, mit denen sie den ehrenwerten Kaufleuten, die ihre Unternehmen finanzierten, ihren Anteil am Gewinn zusicherten. Auch die Städte und Staaten waren daran beteiligt; sie handelten kraft des Kriegsrechts oder kraft eines weit ausgelegten Strandrechts; wenn das *jus naufragii* auch frühzeitig im Mittelmeerraum abgeschafft wurde (obwohl die angevinischen Könige Neapels es am Ende des 13. Jahrhunderts zum Entsetzen der Italiener wieder einführten), blieb es im nordischen Raum doch noch länger verbreitet. Es wurde dort vor allen von den Engländern und Bretonen in einer sich fortsetzenden Tradition praktiziert, die zum Kaperkrieg der Neuzeit führte. Nur die großen Seestädte – vor allen Dingen Venedig – konnten regelmäßige Konvois zusammenstellen, die von Kriegsschiffen begleitet wurden.

Eine weitere Schwierigkeit lag in der geringen Ladefähigkeit der Schiffe. Zwar führten kommerzielle Revolution und Verkehrssteigerung auch zur Erhöhung der Tonnage der Handelsschiffe, aber selbst wenn die schweren hansischen Koggen, die für den Transport von schweren und voluminösen Waren ausgerüstet waren und die großen italienischen Handelsgaleeren – besonders die venezianischen – am Ende des Mittelalters eintausend Tonnen erreichten, so stellt das insgesamt doch nur eine geringe Tonnage dar. Die meisten Schiffe hatten eine geringe Ladefähigkeit: die hansischen Koggen, die englische Wolle und französischen oder deutschen Wein über Nord- und Ostsee beförderten, die genuesischen und spanischen Karaken, die mit Gewürzen beladen waren, und die venezianischen Schnellboote, die Baumwolle aus syrischen und zypriotischen Häfen holten, übertrafen selten 500 Tonnen.

Schließlich stellte die Geschwindigkeit der Schiffe ein Problem dar. Ab dem 13. Jahrhundert erlaubten die Verbreitung von Erfindungen wie Achtersteven, Lateinersegel, Kompaß sowie die Fortschritte in der Kartographie – neben den Leistungen des Nahen und Fernen Ostens muß den baskischen, katalanischen und genuesischen Seeleuten und Gelehrten in diesem Bereich ein breiter Raum eingeräumt werden – den Abbau oder die Beseitigung von Hindernissen, die die Seeverbindungen verlangsamt hatten. So hatte man im Mittelalter über Nacht vor Anker gehen und während der schlechten Saison die Küstenschiffahrt gänzlich einstellen müssen. In der Mitte des 15. Jahrhunderts dauerte der gesamte Weg, den ein Kaufmann zurücklegen mußte – Ankunft von alexandrinischen Gewürzen in Venedig, ihre Umfrachtung nach London, Rückkehr aus London mit einer Zinnfracht, Umfrachtung des Zinns nach Alexandria und Neubeladung mit Gewürzen für Venedig – noch zwei volle Jahre. Der Kaufmann brauchte Geduld und Kapitalien. Dennoch war der Seetransport deutlich preiswerter als der Überlandtransport: 2% des Warenwertes bei Wolle und Seide, 15% bei Weizen und 33% bei Alaun.

Folgen wir mit Roberto Lopez und Armando Sapori einer Gruppe von Kaufleuten, die sich im 14. Jahrhundert in Genua in Richtung Orient einschifft: Die Ladung besteht vor allem aus Tuch, Waffen und Metallen. Das erste Ziel, das man an der Küste entlang oder über Korsika, Sardinien und Sizilien erreicht, ist Tunis, das nächste Ziel Tripolis. In Alexandria wächst die Ladung mit Waren aller Art an – Produkte der Lokalindustrie und vor allem Einfuhren aus dem Orient. Wenn die syrischen Häfen angelaufen werden – Akko, Tyr, Antiochia –, dann um Reisende, Pilger und vor allem Waren an Bord zu nehmen, die von den Karawanen aus dem Osten gebracht worden sind. Aber das bedeutendste Gewürzlager ist Famagusta auf Zypern. Man findet dort »mehr Gewürze als Brot in Deutschland«. In Ladhakijja, dem Zielpunkt der Routen aus Persien und Armenien, finden sich nach Marco Polo »alle Spezereien, sowie Seiden- und Goldtücher der Erde«. In Phokäa wird das kostbare Alaun geladen, während Chios der Anlaufhafen für Wein und Mastix ist, der sowohl zur Destillierung eines sehr geschätzten Likörs als auch zur Bereinigung einer überaus gefragten Zahnpaste dient.

Byzanz, an der Kreuzung der großen Routen des Levantenhandels, ist sodann eine obligatorische Aufenthaltsstelle. Nach der Überquerung des Schwarzen Meers werden in Caffa (heute: Feodosia) auf der Krim die Produkte Rußlands und Asiens geladen, die über die mongolischen Routen kommen: Weizen, Felle, Wachs, gesalzener Fisch, Seide und vor allem Sklaven. Die Händler bringen viele dieser Produkte nicht ins Abendland zurück; sie laufen Sinope und Trabson an, um sie dort zu verkaufen. Die Kühnsten wagen sich von dort, bis Siwas von der tatarischen Polizei eskortiert, bis nach Täbris und Indien vor, wie zum Beispiel Benedetto Vivaldi und bis nach China wie Marco Polo, entweder durch Zentralasien über den Landweg oder von Basra bis Ceylon über den Seeweg.

Die Messen

Aber das Hauptziel der wandernden Kaufleute waren im 13. Jahrhundert die Messen der Champagne. Diese Messen wurden nacheinander in Lagny, Bar-sur-Aube, Provins und Troyes über das ganze Jahr hinweg abgehalten. Januar–Februar in Lagny, März–April in Bar, Mai–Juni die Maimesse in Provins, Juli–August die Sankt-Johann-Messe in Troyes, September–November die Sankt-Aigulf-Messe wiederum in Provins und schließlich November–Dezember die Sankt-Remigius-Messe ein zweites Mal in Troyes. Es war von großer Bedeutung, daß in der Champagne eine fast ganzjährige Messe der gesamten abendländischen Welt stattfand. Zwei oder vier Monate lang im Jahr waren die Städte der Champagne von einer geschäftigen Regsamkeit beherrscht, die der Minnesänger Bertrand de Bar-sur-Aube für den Frühling beschrieben hat.

qu'il fait chaud et seri,
Que l'erbe est vert et rosier sont flori,

Lors commencierent marcheant a errer
Qui les avoirs ont a vendre aporté,
Des le matin que il fu ajorné,

De si au soir que il fut avespré
Ne finent il de vinir ne d'aller,
Que tote en fu emolie la cité.
De fors la vile se loge en mi le pré,
Et ont lor tres et paveillons fermez.

(Wenn es warm und heiter ist,
wenn das Gras grünt und der Rosenstock blüht.

dann beginnen umherzuziehen die Kaufleute,
die Reichtümer zum Verkauf mitgebracht haben,
schon am Morgen wenn es hell wird, bis zum
Abend, wenn es dunkel wird,
findet ein ständiges Kommen und Gehen statt,
so daß die ganze Stadt davon erfüllt ist.
Draußen vor der Stadt nächtigen sie mitten
auf der Wiese,
wo sie ihre Zelte und Pavillons aufgeschlagen
haben.)

Um an diesen Messen teilzunehmen, nahmen die Kaufleute lange und schwierige Reisen auf sich. Die Italiener, die die Alpen überwinden mußten, waren fünf Wochen lang unterwegs. Anfangs baute man für ihre Unterbringung behelfsmäßige Baracken auf den Plätzen oder außerhalb der Stadt. Dann vermieteten die Stadtbewohner Zimmer oder Häuser an die Kaufleute. Schließlich baute man ihnen spezielle Häuser aus Stein, um sie vor Feuer zu schützen. Diese Häuser hatten große, gewölbte Keller, damit ihre Waren gelagert werden konnten.

Die Kaufleute und Einwohner erfreuten sich spezieller Privilegien. Die Einrichtung und der Aufschwung der Messen war eng mit der zunehmenden Macht der Grafen der Champagne und ihrer liberalen Politik verbunden.

Zu diesen Privilegien zählten an erster Stelle die Geleitbriefe, die für die gesamte Grafschaft gewährt wurden. Dazu gehörte auch die Freistellung von allen Abgaben auf Bauland, auf denen Unterkünfte und Lokale für die Kaufleute gebaut werden konnten. Die Bürger waren von Taille und »toltes« – einer Art von städtischer Steuer – im Austausch gegen feste, ablösbare Steuern freigestellt. Die Weg- und Brückenzölle sowie das Zwangs- und Bannrecht wurden abgeschafft oder beträchtlich eingeschränkt. Die Kaufleute mußten weder Repressalienrecht noch Einfuhrabgaben, noch Anfallrecht, noch Standrecht zahlen. Vor allem sorgten die Grafen für die Messeordnung, kontrollierten die Rechtmäßigkeit und Ehrlichkeit der Transaktionen und bürgten für die Geld- und Warengeschäfte. So wurden spezielle Funktionsträger eingestellt, die Messewachen. Diese öffentlichen Ämter wurden bis 1284, als die französischen Könige, nachdem sie zu Herren der Champagne geworden waren und im allgemeinen königliche Funktionsträger ernannten, häufig Bürgern anvertraut. Die Kontrolle der finanziellen Operationen und der halböffentliche Charakter der Geldwechsler trugen dazu bei, daß den Messen, über ihre rein ökonomische Funktion hinaus, eine wichtige Rolle als »entstehendes Clearinghaus« zukam. Es hatte sich dort der Brauch eingebürgert, Schulden durch Verrechnung zu regeln.

Aber zu Beginn des 14. Jahrhunderts begann der Niedergang der Messen. Für diesen Niedergang sind viele Gründe angeführt worden: die Unsicherheit, die der Hundertjährige Krieg im 14. Jahrhundert über Frankreich brachte; die Entwicklung der italienischen Textilindustrie, die den Untergang – dem jedoch eine Neuordnung folgte – der flämischen Tuchweberei, einer der wichtigsten Messelieferanten, mit sich brachte; dann Ereignisse, die zur Aufgabe der »Strata francigena«, der französischen Handelsroute, führten, also der Hauptachse, die die ökonomische Welt des Nordens mit dem Mittelmeerraum verbunden hatte. Diese Preisgabe geschah zugunsten zweier Routen, die schneller und preiswerter waren: der Seeweg, der von Genua und Venedig über den Atlantik, den Ärmelkanal und die Nordsee bis nach Brügge und London führte; und die Rheinstraße, an der sich im 14. und 15. Jahrhundert die Messen von Frankfurt und Genf entwickelten. Der Niedergang der Messen der Champagne war vor allem mit dem tiefgreifenden Wandel der Handelsstrukturen verbunden, der einen neuartigen Typ von Kaufmann in den Vordergrund treten ließ: den seßhaften anstelle des wandernden Kaufmanns. War dieser noch auf den Straßen der »Vagabund« gewesen, so leitete jener jetzt dank immer raffinierterer Techniken und einer komplexer werdenden Organisation von seiner Hauptgeschäftsstelle aus ein Netzwerk von Mitarbeitern und Beschäftigten, die ihm weitere Reisen ersparten.

3. Der seßhafte Kaufmann

Gewiß hatte die Entwicklung dieser Organisation und dieser Methoden bereits zu Beginn der kommerziellen Revolution begonnen, aber erst im 14. und 15. Jahrhundert erreichte sie ihren Höhepunkt und verbreitete sich so stark, daß nun dieser neue Typ des seßhaften Kaufmanns im Mittelpunkt des Geschäftsnetzes stand.

Schon sehr früh sah sich der Kaufmann gezwungen, Kapitalien außerhalb seiner eigenen Ressourcen zu suchen. Diese Entwicklung wurde in dem Maße, in dem die Geschäfte sich vermehrten und verzweigten, immer zwingender.

Das Kreditproblem, das, wie wir noch sehen werden, im christlichen Mittelalter auf einzigartige Weise durch religiöse und moralische Bedenken verkompliziert worden war, fand mannigfaltige Lösungen, von denen wir hier nur die wichtigsten anführen können.

An erster Stelle standen die unterschiedlichen Formen der Kreditaufnahme. Eine besonders wichtige Form, von der wir später sehen werden, welche Art des Kreditgeschäfts sie darstellte, war der Wechsel. Aber neben dem einfachen Darlehn muß dem Seedarlehn ein eigenständiger Platz eingeräumt werden. Seine Besonderheit bestand darin, daß die Rückzahlung des Darlehns an die sichere Rückkehr der Schiffe und ihrer Ladung gebunden war, »salve eunte navi«. Diese Darlehn waren fast immer auf eine Reise, beziehungsweise eine Hin- und Rückfahrt beschränkt, so daß man sagen kann, daß sie im Mittelalter als Einheit für Seegeschäfte fungierten.

Verträge und Sozietäten

Es existierten mehrere Formen von Sozietäten, durch die der Kaufmann, der aus seiner Isolierung heraustrat, seine Geschäftsverbindungen erweitern konnte.

Eine Grundform der Sozietät war der *commenda*-Vertrag, der in Genua *societas maris* genannt wurde und in Venedig *collegantia* hieß. Die Vertragspartner traten dabei als Teilhaber auf, insoweit Risiken und Profite geteilt wurden, aber darüber hinaus standen sie in der Beziehung eines Kreditgebers zu einem Kreditnehmer.

Nach dem einfachen *commenda*-Vertrag streckte ein Gesellschafter einem wandernden Kaufmann das notwendige Kapital für seine Geschäftsreise vor. Bei Verlust trug der Kreditgeber die gesamte finanzielle Last, während der Kreditnehmer nur den Wert seiner Arbeit verlor. Bei Gewinn wurde dem zu Hause gebliebenen Kreditgeber das Geld zurückgezahlt, und er erhielt einen Teil des Gewinns, im allgemeinen drei Viertel.

Nach der *commenda*, die man genauer *societas* oder *collegantia* nannte, streckte der Gesellschafter, der nicht die Reise unternahm, zwei Drittel des Kapitals vor, während der Kapitalnehmer ein Drittel des Kapitals und seine Arbeit beitrug. Der Verlust wurde im Verhältnis zum investierten Kapital umgelegt. Gewinne wurden zur Hälfte geteilt.

Im allgemeinen wurde dieser Vertrag für die Dauer einer Geschäftsreise abgeschlossen. Der Vertrag konnte die Art und das Ziel des Unternehmens sowie gewisse Bedingungen festlegen – zum Beispiel die Währung, in der die Gewinne auszuzahlen waren – oder aber auch dem Kreditnehmer alle Freiheiten lassen, der dadurch mit der Zeit immer größere Unabhängigkeit gewann. Gewöhnlich waren die Verträge ähnlich abgefaßt wie folgender aus dem Jahre 1163:

»Zeugen: Simone Bucuccio, Ogerio, Peloso, Ribaldo di Sauro und Genoardo Tosca. Stabile und Ansaldo Garration haben eine ›societas‹ gegründet, in die Stabile, nach eigener Aussage, 88 Lire eingebracht hat, und Ansaldo 44 Lire. Ansaldo nimmt dieses Kapital mit nach Tunis, um es zinsbringend anzulegen oder überall dorthin, wo das Schiff, das er benutzt, hinfahren sollte – nämlich das Schiff von Baldizzone Grasso und Girardo. Bei seiner Rückkehr wird er die Gewinne zum Zwecke der Teilung Stabile oder seinem Vertreter übergeben. Nach Abzug des Kapitals werden sie die Gewinne zur Hälfte teilen. Ausgefertigt im Kapitelhaus am 29. September 1163.

Darüber hinaus ermächtigt Stabile Ansaldo, das Geld nach Genua zu schicken, und zwar mit einem vom letzteren selbst bestimmten Schiff.«

Für den Landhandel gab es noch zahlreiche Formen von Sozietätsverträgen, man kann sie jedoch auf zwei Grundtypen zurückführen: die *compagnia* und die *societas terrae*. Die ältesten erhaltenen Exemplare dieser Vertragstypen betreffen die Venezianer und tragen einen besonderen Namen *(fraterna compagnia)*, aber sie wurden vor allem von den Kaufleuten der inländischen Städte verwendet.

Der Vertragstypus der *compagnia* sah vor, daß die Vertragspartner eng aneinander gebunden sind und Risiken, Hoffnungen, Verluste und Gewinne teilen. Die *societas terrae* hatte Ähnlichkeiten mit der *commenda*. Der Kreditgeber trug alleine die Gefahren des Verlustes, während die Gewinne zur Hälfte geteilt wurden. Doch räumten die meisten Vertragsklauseln einen größeren Spielraum ein. So konnten die investierten Kapitalanteile stark variieren, und die Vertragsdauer war im allgemeinen nicht auf ein Geschäft, auf eine Reise beschränkt, sondern sah einen gewissen Zeitraum vor – meistens ein, zwei, drei oder vier Jahre. Schließlich existierten zwischen diesen beiden Grundtypen der *compagnia* und der *societas* zahlreiche Zwischenformen, die unterschiedliche Aspekte der beiden verbanden. Die Komplexität dieser Verträge kommt in Dokumenten zum Ausdruck, die leider zu lang sind, um hier aufgeführt zu werden.

Um einige Kaufleute, einige Familien und einige Gruppen herum bildeten sich komplexe und mächtige Organisationen, denen man traditionellerweise den Namen »Handelsgesellschaften«, im modernen Sinne des Begriffs, gegeben hat.* Die berühmtesten und bekanntesten wurden von illustren florentinischen Familien geleitet: die Peruzzi, Bardi und Medici. Folgt man den Historikern, die diese Familien untersucht haben – in erster Linie Armando Sapori – so muß auf die tiefgreifenden Strukturveränderungen aufmerksam gemacht werden, die diese Historiker zwischen den Familien des 13. Jahrhunderts und denen des 14. Jahrhunderts aufgedeckt haben.

Diese Gesellschaften beruhten auf Verträgen, die die Vertragspartner nur für ein Geschäft oder eine beschränkte Dauer aneinanderbanden. Aber die gewohnheitsmäßige Erneuerung bestimmter Verträge sowie die über einen gewaltigen Wirtschaftsraum herrschenden Familien, die umfangreiche Kapitalien in bedeutende und regelmäßig betriebene Unternehmen einbrachten, alle diese Geschäftsverbindungen, die von einigen leitenden Köpfen ausgingen, machten diese zu Vorstehern von stabilen Organisationen, die über den kurzlebigen Charakter von einzelnen Geschäften und Verträgen, durch die sie definiert waren, hinausreichten.

Im 13. und 14. Jahrhundert waren diese regelrechten Handelshäuser noch stark zentralisiert; an ihrer Spitze standen einer oder mehrere Kaufleute, die eine Reihe von Zweigstellen besaßen, die außerhalb des Hauptsitzes, an dem der oder die Firmenleiter wohnten, von Angestellten vertreten wurden.

Im 15. Jahrhundert war ein Handelshaus wie das der Medici jedoch dezentralisiert. Es verband getrennte Sozietäten mit eigenem Kapital, von denen jede einen eigenen Sitz hatte:

* Sie haben jedoch kaum Ähnlichkeit mit den modernen Gesellschaften, die als juristische Personen unabhängig von ihren Mitgliedern existieren.

neben dem Hauptsitz in Florenz gab es die Filialen in London, Brügge, Genf, Lyon, Avignon, Mailand, Venedig und Rom, die jeweils von Direktoren geleitet wurden. Diese waren nur teilweise und erst in zweiter Linie Gehaltsempfänger, in erster Linie standen sie als stille Teilhaber an der Spitze eines Teils des Kapitals – wie zum Beispiel Angelo Tani, Tommaso Portinari, Simone Neri und Amerigo Benci. Die Medici in Florenz fungierten einzig als Bindeglied, das alle diese einzelnen Häuser zusammenhielt, denn sie hatten an jedem Geschäftskapital fast immer eine Mehrheitsbeteiligung und zentralisierten die Konten, die Informationen und die Geschäftspolitik. Lorenzo, der weniger auf der Hut als sein Großvater Cosimo war, brauchte die Dinge nur schleifen zu lassen, und schon versuchten die Filialen ein selbständiges Leben zu führen. Innerhalb der Firma kam es zu Streitigkeiten. Die Organisation geriet aus den Fugen. Der Ruin wurde durch die Anzahl der Personen beschleunigt, die an der Firma beteiligt waren, denn man war offenbar von der Geschäftsteilhabe zur Kapitaleinlage übergegangen. Wenn die Einlagen von diesem Zeitpunkt an einen bedeutenden Teil des Kapitals ausmachten, d.h. der verfügbaren Kapitalmasse der Firma, dann war die Firma durch die Bedürfnisse, die Zweifel, die Forderungen und Befürchtungen der Einleger verwundbarer geworden; denn abgesehen von ihren Geldforderungen teilten die Deponenten nicht die Skrupel der ehemaligen Geschäftsteilhaber, die durch die Solidarität der Familienbande und ihre geschäftliche Zusammenarbeit miteinander verbunden waren.

Auf der Ebene dieser großen Gesellschaften und mächtigen Persönlichkeiten konnten sich wahre Monopole bilden, die man bereits Kartelle nennen kann. Es ist in der Tat behauptet worden, daß alle mittelalterlichen Korporationen Kartelle waren, die Kaufleute und Handwerker vereinigten, denen es darum ging, auf dem städtischen Markt die Konkurrenz auszuschalten und ein Monopol zu errichten. Diese Thesen sind hinsichtlich der städtischen Zunftwirtschaft nicht belegt und sie neigen auch dazu, Daten, die in Wirklichkeit nur auf den internationalen

Handel zutreffen, in einen unpassenden Rahmen einzufügen. Die monopolistischen Gesellschaften profitierten oft von der Kolonialpolitik gewisser mittelalterlicher Städte oder Staaten wie Genua und Venedig.

Die berühmtesten Kartelle waren zweifelsohne diejenigen, die zum Alaunhandel führten – eines der wichtigsten Produkte, das bei mittelalterlichen Kaufleuten begehrt war, weil es in der Textilindustrie, wo es als Beizmittel verwendet wurde, ein unentbehrlicher Rohstoff war. Alaun wurde hauptsächlich auf den Inseln oder im Umkreis des Ägäischen Meeres gefördert, besonders in Phokäa in Kleinasien. Der Alaunhandel wurde im 13. Jahrhundert zu einem genuesischen Monopol. Nachdem ein genuesischer Kaufmann, Benedetto Zaccaria, sich in diesem Unternehmen als Pionier hervorgetan hatte, beherrschte eine mächtige genuesische Gesellschaft, die ›maona‹ auf der Insel Chios, auf der praktisch alle großen Namen des genuesischen Handels vertreten waren, den Alaunmarkt des 14. und 15. Jahrhunderts.

Nach der türkischen Eroberung verschwand orientalischer Alaun fast vollkommen vom Markt. 1461 wurden bedeutende Vorkommen auf päpstlichem Territorium, in Tolfa, in der Nähe von Civitavecchia, entdeckt. Die päpstliche Regierung vertraute bald deren Ausbeutung und Verkauf der Firma der Medici an. Das führte zu einem der bedeutendsten Versuche im Mittelalter, ein internationales Monopol zu errichten. Der Heilige Stuhl steuerte seinen Gewinnanteil an diesem Geschäft zur Finanzierung des Kreuzzuges gegen die Türken bei – der dann nicht stattfand. Gleichzeitig drohte der Heilige Stuhl allen Fürsten, Städten und Einzelpersonen, die es wagten, einen anderen Alaun als den aus Tolfa zu erwerben, mit Exkommunikation; er gestattete den Medici, alle für den Alaunhandel verwendeten Schiffe unter der päpstlichen Flagge fahren zu lassen, und unterstützte die Medici in deren Bemühen, durch Druck und selbst militärische Expeditionen, entweder die Schließung von anderen, zweitrangigen Alaunminen im Bereich des Christentums oder den Beitritt ihrer Eigentümer zum Kartell zu erreichen. So erging es den Königen von Neapel, die Minen auf Ischia besaßen. Das Alaungeschäft war eines der größten Unternehmen der Medici.

Die Kaufleute und die politischen Kräfte

Diese Beispiele verdeutlichen die Bande, die sich zwischen Kaufleuten und Regierungen vor allem gegen Ende des Mittelalters, als die Bedürfnisse der Fürsten zunahmen, knüpften – ein Thema, auf das wir bei der Behandlung der politischen Macht der Kaufleute zurückkommen werden. Hier soll der Hinweis genügen, daß Geschäftspraktiken wie Darlehn an Herrscher und Städte, Steuerpacht und Teilhabe an Staatsanleihen im 14. und 15. Jahrhundert einen immer breiteren Raum in den Geschäften der großen Kaufleute einnahmen. In Genua und Venedig wurde zum Beispiel mit den Anteilen der Kaufleute, die mit solchen »Wertpapieren« spekulierten, ein Schuldfonds der öffentlichen Hand gebildet. Der Reichtum einiger großer italienischer Kaufleute verdankte sich zum größten Teil den Geld- und Warengeschäften, die sie im Auftrag des Papstes durchführten. Das Papsttum war eine der großen Finanzmächte des Mittelalters. Das gilt vor allem für das 14. Jahrhundert, als es in Avignon durch die Aufblähung des päpstlichen Steuersystems einen Teil der Ressourcen des Christentums in die Kassen der Kurie und der italienischen Handelsgesellschaften – vor allem der florentinischen –, die ihm als Bankiers dienten, fließen ließ. Abgesehen von rein finanziellen Gewinnen aus solchen Geschäften, schöpften die großen Kaufleute vor allem bestimmte Privilegien daraus – Steuerbefreiung, Regierungsbeteiligung –, die eine tiefgreifende Rückwirkung auf ihre ökonomische Position hatten. In dieser Epoche verbesserte sich auch das Handelsrecht, das durch die Zusicherung größerer Stabilität und Sicherheit im Geschäftsleben zuerst den Kaufleuten zugute kam. Schon vom Beginn der kommerziellen Revolution an hatten Herren und Herrscher, und besonders die Päpste mit ihren Konzilbeschlüssen, den wandernden Kaufleuten ihren Schutz gewährt, Geleitbriefe ausgestellt (dieser Brauch ging aufs früheste Mittelalter zurück, als aus

Klerikern, denen Sonderrechte zugestanden wurden, »privilegierte Kaufleute« wurden) und spezielle Gebäude für die Unterbringung der Kaufleute und ihrer Waren bauen lassen – das berühmteste Beispiel war der *Fondaco dei Tedeschi* der deutschen Kaufleute in Venedig. Wie wir sahen, wurde der Erfolg der Messen durch den Schutz ermöglicht, den die weltliche Autorität des Marktortes den Messebesuchern gewährte. Es entstand ein Handelsrecht, das zuerst von den Kaufleuten selbst entwickelt wurde, wie zum Beispiel am berühmten Handelsgericht *Mercanzia* in Florenz, das zu einem der Grundpfeiler der politischen Macht der großen florentinischen Kaufleute werden sollte; es wurde auf internationaler Ebene weiterentwickelt und fand Eingang in die öffentliche Gesetzgebung. Die Handelsverträge und Rechtsstreitigkeiten unter den Kaufleuten brachten, zumindest im Mittelmeerraum, ein Heer von Notaren hervor, das immer mehr in den Vordergrund rückte. Die Notare wurden zu Hilfskräften der Kaufleute, denen sie einen großen Teil ihres Vermögens verdankten. Ihre historische Rolle hat sich bis in unsere Zeit fortgesetzt, da ihre Archive eine der reichsten Materialquellen über den Kaufmann und den mittelalterlichen Handel darstellen. Die Notare folgten den Kaufleuten auf Schritt und Tritt überall hin:

In Armenien und auf der Krim waren sie genauso anzutreffen wie auf offener See. So begegnen wir zum Beispiel jenem Notar, der am 16. November 1283 auf Verlangen genuesischer Kaufleute ein Protokoll aufnahm, vor der Küste Kretas, da die Kaufleute, die sich mit ihren Waren auf dem Weg nach Zypern und Armenien befanden, außer sich waren, weil der Schiffskapitän unter Mißachtung seiner eingegangenen Verpflichtungen das Schiff in Richtung Byzanz steuerte.

Im Bereich der Hanse übernahmen die Stadt- oder Zunftautoritäten die Rolle der Notare, so daß man heute oft auf die offiziellen Dokumente zurückgreifen muß, wenn man die Geschäfte des mittelalterlichen Kaufmanns im Norden erfassen will. Überall sonst kam das Eingreifen der Autoritäten, das die liberalen Historiker des 19. Jahrhunderts als ein Hemmschuh für den Handel und als Zeichen der mittelalterlichen Barbarei betrachteten, den Kaufleuten im Mittelalter zugute; sie profitierten am Ende des Mittelalters auch von der regelrechten Wirtschaftspolitik gewisser Fürsten wie Ludwig XI., den man den »König der Kaufleute« nannte. Das Ende des 15. Jahrhunderts war auch die Zeit, in der man begann, das Eigentum an Bodenschätzen und die Abgrenzung territorialer Gewässer gesetzlich zu regeln.

Die am Ende des Mittelalters immer enger werdenden Bande zwischen Fürsten und Kaufleuten erhöhten jedoch auch die Risiken der Kaufleute. Die Zahlungsunfähigkeit der Herrscher im 14. und 15. Jahrhundert trug wesentlich zum aufsehenerregenden Bankrott der italienischen Bankiers bei. Aber auch andere Ursachen wie die unvorsichtige Ausdehnung des Kreditwesens und der Geschäfte, sowie der Wirtschafts- und vor allem der Geldkonjunktur spielten eine Rolle, obwohl die Gesetzgebung sehr schnell die härtesten Auswirkungen der Bankrotte milderte. Extreme Strafen, Haft- oder Todesstrafe, waren nicht nur eine absolute Ausnahme, sondern man vermied auch oft die Versteigerung des Besitzes des Konkursschuldners zur Entschädigung des Gläubigers. Vielmehr verbreitete sich der Brauch, einem flüchtigen Schuldner für die Zeit, die er brauchte, um sich mit seinen Gläubigern auf gütlichem Wege zu einigen, Geleitschutz zu gewähren.

4. Die Verbesserung der Handelsmethoden im 14. und 15. Jahrhundert

Wenn die Ausdehnung der Geschäfte ab dem 13. Jahrhundert manche Kaufleute unvorsichtig gemacht und gewisse Risiken erzeugt hatte, so bewirkte die Entwicklung doch insgesamt insofern einen Fortschritt in den Methoden und Techniken, als viele Schwierigkeiten und Gefahren aus dem Weg geräumt werden konnten.

Der Aufschwung des Seehandels wurde stark durch die

besonders in Genua verbreitete Praxis der Aufteilung der Schiffe in gleiche Teile gefördert; es handelte sich dabei um regelrechte Aktien, von denen eine Person mehrere besitzen konnte. So wurden die Risiken geteilt und umgelegt. Die Anteile, die *partes*, *sortes* oder *loca* genannt wurden, waren Waren, die man verkaufen, mit einer Hypothek belasten, in eine *commenda* einbringen oder ins Stammkapital einer Sozietät einzahlen konnte.

Die Versicherung

Bedeutender noch war die Entwicklung der Versicherungsmethoden. Wie sie entstanden sind, ist unklar. Der Begriff »securitas«, der ursprünglich einen Geleitbrief bezeichnete, scheint sich frühestens gegen Ende des 12. Jahrhunderts auf eine Art von Versicherungsvertrag zu beziehen, mit dem die Kaufleute ihre Waren einem Dritten anvertrauten *(locant)*, der sich gegen Zahlung einer gewissen als *securitas* gezahlten Summe verpflichtete, die Waren an einen bestimmten Ort zu bringen. Erst im 14. und 15. Jahrhundert verbreiteten sich echte Versicherungsverträge, die keinen Zweifel daran ließen, daß die Versicherer von den Schiffseigentümern unterschieden waren. Einige »Kompanien«, wie zum Beispiel gegen Ende des 14. Jahrhunderts Francesco di Marco da Prato, ein Großkaufmann aus Pisa, spezialisierten sich sogar auf diese Geschäfte. Ein solcher Versicherungsvertrag sah etwa wie jener Eintrag vom 3. August 1384 aus, der folgendermaßen überschrieben war:

> »Das ist ein Register von Francesco di Prato und Co., wohnhaft in Pisa, in dem wir alle Versicherungen eintragen, die wir für Dritte abschließen. Gott möge uns helfen, dabei Gewinne zu machen und uns vor Gefahren schützen«:
> »Wir versichern Baldo Ridolfi und Cie zu einem Wert von 100 Goldflorins für die Wolladung auf dem Schiff des Bartolomeo Vitale, das sich auf dem Weg von Penisola nach Porto Pisano befindet. Von den 100 Florins, die wir gegen jedes Risiko absichern, erhalten wir 4 Goldflorins in bar, wie es die von Gherardo

d'Ormauno ausgestellte Akte beglaubigt, die wir gegengezeichnet haben.«

Und weiter unten heißt es:

»Das besagte Schiff ist am 4. August 1384 im Zielhafen Porto Pisano angekommen und wir sind von den besagten Risiken befreit.«

Der Wechsel

Zur gleichen Zeit gaben andere Fortschritte der Handelstechniken – die weit über den Seehandel hinaus verbreitet waren – den Kaufleuten neue Möglichkeiten an die Hand und trugen zur Ausweitung und Komplizierung ihrer Geschäfte bei. Der erste und bedeutendste Fortschritt stellte sich mit dem Gebrauch des Wechsels ein. Wenn die Entstehung des Wechsels auch umstritten ist, so sind seine Merkmale und seine Rolle heute dank der wichtigen Arbeiten von R. de Roover weitgehend bekannt. Die Verbreitung des Wechsels muß zuerst im Rahmen der Geldentwicklung gesehen werden.

Im Frühmittelalter hatte das Geld aufgrund der Tendenz zur geschlossenen Wirtschaft und aufgrund des schwachen Volumens des internationalen Warenhandels eine nur untergeordnete Rolle gespielt. Im internationalen Handel spielten nichteuropäische Währungen, wie das byzantinische *nomisma*, das anschließend im Abendland *Hypérpyron* und *Besam* genannt wurde, sowie arabische *dinars* eine übergeordnete Rolle. Selbst wenn der Versuch unternommen worden war, zur Goldprägung zurückzukehren, so war das Hauptzahlungsmittel seit der Karolingerzeit das Silber, vor allem in der Form des *denier* (Denar), obwohl der islamische *dirhem* zweifellos einen erstrangigen Platz einnahm.

Mit der kommerziellen Revolution trat im 13. Jahrhundert eine große Veränderung ein: Das Abendland nahm wieder die Goldprägung auf. Ab 1252 prägte Genua auf regelmäßiger Basis seine Golddenare und Florenz seine berühmten Florins; ab 1266 besaß Frankreich seine ersten Goldtaler; ab 1284 hatte Venedig seine Dukaten; in der ersten Hälfte des 14. Jahrhunderts folgten Flandern, Kastilien und Böhmen dieser Entwicklung.

Von diesem Zeitpunkt an wurde der Geldwechsel zu einem erstrangigen Problem in den Warenzahlungen. Abgesehen von der Unterschiedlichkeit der Währungen, gilt es in dieser Hinsicht, folgende Punkte in Rechnung zu stellen:

1. Es gab in gewisser Weise zwei parallele Zahlungseinheiten: Gold und Silber.

2. Edelmetalle unterlagen im 14. und 15. Jahrhundert einer Preissteigerung, die je nach Jahreszeit auch Gold und Silber betraf. Angesichts der wachsenden Nachfrage des Handels und der Unmöglichkeit, im gleichen Tempo die Zahl der im Umlauf befindlichen Münzen zu erhöhen – eine Folge der Stagnation oder des Niedergangs der europäischen Minen sowie der rückläufigen Versorgung mit afrikanischen Edelmetallen – verriet diese Preiserhöhung doch eine Situation des »Geldmangels«, in deren Zusammenhang die kaufmännische Betätigung am Ende des Mittelalters gesehen werden muß. Zum Goldmangel kam es vor allem in dem Moment, in dem in der Mitte des 15. Jahrhunderts das Silber durch die Ausbeutung neuer Minen in Mittel- und Süddeutschland wieder relativ ausreichend vorhanden war.

3. Wie verhielten sich die politischen Autoritäten? Die Entscheidung über den Wert der Währungen lag in der Hand der Regierungen, die den Münzfuß abändern konnten, das heißt, das Gewicht, den Feingehalt oder den Nominalwert des Geldes. Der Wert der Münzen wurde nicht eingeprägt, sondern von den politischen Autoritäten, die das Recht der Münzprägung hatten, festgelegt, und zwar durch die Bewertung der tatsächlichen Währungen nach einer fiktiven Rechnungsmünze, die im allgemeinen in Pfund, *Sous* und *Denaren* ausgedrückt und von einem System hergeleitet war, das, ausgehend von den zum Beispiel in Frankreich in Tours und Paris geprägten Denaren oder dem *groot* (Groschen) in Flandern, als Maßstab diente. Die Fürsten und Städte vermochten so zum Mittel der »Währungsänderung« zu greifen, d.h. zur »Münzverrufung«

oder Abwertung oder zur »Münzstärkung« oder »Aufwertung«. Solche Risiken waren oft für den Kaufmann unvorhersehbar.*

4. Schließlich müssen noch die saisonbedingten Schwankungen auf dem Geldmarkt genannt werden. Die für die Neuzeit belegten ökonomischen Zyklen, d. h. die kurz- und langwelligen periodischen Schwankungen, können wegen fehlender statistischer Daten nur schwer für das Mittelalter nachgewiesen werden – obwohl Historiker wie Carlo M. Cipolla glauben, solche Schwankungen ausgemacht zu haben. Auf jeden Fall war sich der mittelalterliche Kaufmann dessen nicht bewußt und kümmerte sich nicht darum. Dagegen reagierten die mittelalterlichen Kaufleute empfindlich auf saisonbedingte Schwankungen des Geldkurses an den Haupthandelsplätzen Europas – die unter anderem durch die Messen und Erntezeiten, die Ankunft und Abfahrt von Konvois, die Finanz- und Schatzamtpolitik der Regierungen bedingt waren – und schenkten ihnen sehr viel Aufmerksamkeit. Ein venezianischer Kaufmann notierte in der Mitte des 15. Jahrhunderts:

> »In Genua ist Geld im September, Januar und April teuer, weil dann die Schiffe auslaufen [...] in Rom oder überall, wo sich der Papst aufhält, schwankt der Geldpreis gemäß der Zahl der vakanten Benefizien und der Reisen des Papstes, der den Geldpreis überall dort in die Höhe treibt, wo er sich aufhält [...] in Valencia verteuert sich Geld im Juli und August wegen Weizen und Reis [...] in Montpellier gibt es drei Messen, die das Geld sehr teuer machen [...].«

Der Kaufmann mußte diese Daten in Rechnung stellen, um die Risiken und Profite abzuschätzen. Je nachdem konnte er so ein geschicktes Spiel treiben, das sich auf die Praxis des Wechsels stützte.

---

* Eine umfassende Darstellung gibt M. Bloch, *Esquisse d'une histoire monétaire de l'Europe*, Paris 1954.

Raymond de Roover zufolge war der Wechsel »eine Übereinkunft, die vorsah, daß der ›Geldverleiher‹ dem ›Geldleiher‹ eine Geldsumme bereitstellte [...] und im Gegenzug ein fristbedingtes Zahlungsversprechen erhielt (Kreditoperation), allerdings an einem anderen Ort und in einer anderen Währung (Geldwechsel). Jeder Wechselvertrag brachte daher eine Kreditoperation und einen Geldwechsel mit sich, wobei beide Operationen eng miteinander verbunden waren.«

Den Archiven des Francesco di Marco Datini da Prato folgend, verlief ein Wechselgeschäft folgendermaßen:

> Im Namen Gottes, 18. Dezember 1399. Zahlen Sie durch diesen ersten Usowechsel an Brunacio di Guido und Co. [...] die Summe von CCCCLXXII Pfund und X Sous in Barcelona. Die besagten 472 Pfund und 10 Sous, die einem Wert von 900 ▽ (Talern) entsprechen, bei einem Kurs von 10 Sous und 6 Denaren pro ▽ (Taler), sind mir an hiesigem Ort von Riccardo degl'Alberti und Co. gezahlt worden. Zahlen Sie die Summe wie es dem Usus entspricht und verbuchen Sie die Summe auf meinem Konto.
> Gott beschütze Sie.
>
> Ghuiglielmo Barberi,
> Gruß aus Brügge

Von anderer Hand geschrieben heißt es dann:

> Angenommen am 12. Januar 1399 (1400).

Auf dem Rücken steht:

> Francesco di Marco und Co, Barcelona.
> Erster (Wechsel).

Es handelt sich um eine *Tratte*, die der Bezogene – die Zweigstelle der Firma Datini in Barcelona – an den Remittenten – die ebenfalls in Barcelona ansässige Firma Brunaccio di Guido – in Barcelona gezahlt hat, und zwar im Auftrag des Ausstellers oder Geldleihers – Ghuglielmo Barberi, ein italienischer Kaufmann in Brügge –, an den der Geldverleiher – das Handelshaus Riccardo degli Alberti in Brügge – 900 Taler, zu 10 Sous und 6 Denaren pro Taler gezahlt hat.

Ghuglielmo Barberi, ein flämischer Tuchexporteur, der

Handelsbeziehungen zu Katalonien unterhielt, ließ sich von der in Brügge befindlichen Zweigstelle der Alberti, den mächtigen florentinischen Kaufmannsbanquiers, Geld in flandrischen Talern vorstrecken. In Erwartung des Verkaufs von Waren, die er an seinen Geschäftsfreund Datini in Barcelona gesandt hat, zieht er auf diesen eine *Tratte*, die an den dortigen Handelspartner der Alberti, das Handelshaus Brunacio di Guido und Co. in Barcelona, zahlbar ist. Es liegt also eine Kreditoperation und ein Geldwechsel vor. Die Zahlung wurde am 11. Februar 1400, dreißig Tage nach Annahme (am 12. Januar 1400), in Barcelona durchgeführt. Diese Frist war die sogenannte »Usance«, die je nach Ort variierte – dreißig Tage zwischen Brügge und Barcelona – und die es erlaubte, die Echtheit des Wechsels zu prüfen und sich bei Bedarf das notwendige Geld zu beschaffen.

So entsprach der Wechsel vier verschiedenen Bedürfnissen des Kaufmanns und bot ihm vier Möglichkeiten: Als Zahlungsmittel für ein Handelsgeschäft, als Überweisungsmittel für Geld, und zwar zwischen Handelsplätzen, an denen unterschiedliche Währungen gebraucht wurden, als eine Kreditquelle und als finanziellen Gewinn, weil er die Kursdifferenzen und Kursschwankungen an den verschiedenen Handelsorten ausnutzen konnte, und zwar innerhalb des oben angegebenen Rahmens. Tatsächlich war es möglich, daß abgesehen von kommerziellen Operationen Wechselgeschäfte zwischen zwei und oft zwischen drei verschiedenen Handelsplätzen stattfanden. Dieser Devisenmarkt, der im 14. und 15. Jahrhundert sehr aktiv war, gab zu zahlreichen Spekulationen Anlaß.

Es ist darauf hinzuweisen, daß der mittelalterliche Kaufmann zweifellos zwei Praktiken nicht kannte, die sich erst in der Neuzeit entwickeln sollten: die Indossierung und die Diskontierung. Dennoch hat man dank der Forschungen von Federigo Melis schon in den ersten Jahren des 16. Jahrhunderts zwei Beispiele der Indossierung im Mittelmeerraum ausfindig gemacht. Ähnliche Fälle aus dem 15. Jahrhundert findet man vielleicht im Bereich der Hanse für die Obligationen, d.h. für einfache Zahlungsaufträge.

Selbstverständlich gingen diese Operationen Hand in Hand mit Fortschritten im gesamten Bereich der Buchhaltung. Der Führung der Handelsbücher wurde mehr Aufmerksamkeit geschenkt, die Methoden und die Benutzung der Bücher vereinfachten sich, obwohl eine erhebliche Komplexität nach wie vor bestehen blieb. Die Buchhaltung war in zahlreiche Register aufgesplittert: Bücher für die »Zweigstellen«, für »Einkauf« und »Verkauf«, für »Rohstoffe« und Einlagen von Dritten, für Heimarbeiter und, worauf A. Sapori hingewiesen hat, das »Geheimbuch«, in dem der Wortlaut des Sozietätsvertrages niedergelegt war, die Kapitalbeteiligung der Teilhaber, die Daten, die es jederzeit erlaubten, den Kontostand der Teilhaber in der Gesellschaft zu errechnen, sowie die Verteilung von Gewinnen und Verlusten. Da das »Geheimbuch« von besonderer Wichtigkeit war, ist es bis in unsere Tage am besten erhalten geblieben.

Es wurde üblich, einen Haushaltsplan zu erstellen. Die großen Firmen hatten sehr bald eine doppelte Kontoführung für die laufenden Konten ihrer ausländischen Geschäftspartner: *compto nostro* und *compto vostro*, das Gegenstück zum heutigen Girokonto, die die Verrechnung durch eine einfache Eintragung ohne Bargeldüberweisung noch vereinfachten. Vor allem entwickelte sich die doppelte Buchführung, die als »Revolution in der Buchhaltung« bezeichnet worden ist.

Zweifellos variierten die Fortschritte, die erzielt wurden, je nach Region. Man hat das Quasi-Monopol der italienischen Kaufleute und Bankiers im Mittelalter, das sich über einen gewaltigen Raum erstreckte, sogar als das Ereignis ihres Vorsprungs in den Handelstechniken erklärt. Man könnte allerdings auch im Bereich der Hanse Methoden finden, die, auch wenn sie anders aussahen und vielleicht aus dem Blickwinkel einer einzigartigen allgemeinen Entwicklung rückständig waren, doch die Wirksamkeit einer, in den Worten von Fritz Rörig, »intellektuellen Überlegenheit« aufwiesen. Die germanische Vorrangstellung im Norden im Hinblick auf Schreibkunst und Buchführung darf jedoch nicht überbewertet werden. Die berühmten, auf Birkenrinde *(beresta)* geschriebenen Manuskripte, die in Nowgorod entdeckt wurden, beweisen, daß Schreiben und Rechnen unter den Einheimischen weiter verbreitet waren als man lange Zeit annahm.* Auch die Kaufleute in den Städten an der Atlantikküste – in der Bretagne, in La Rochelle oder Bordeaux – übernahmen vor dem 16. Jahrhundert kaum die italienischen Techniken; »ihre ganze Kunst schien darin zu bestehen, soweit wie möglich den Rückgriff auf jede Form von Kredit zu vermeiden.« Wenn Ph. Wolff bei den Kaufleuten aus Toulouse eine gewaltige Ausweitung der Kreditnahme entdeckte, so insistierte er auch darauf, daß diese Verfahren einen »rudimentären Charakter« behielten.

Wo es den großen, seßhaften Kaufmannsbanquier gab, herrschte er über einen Komplex von Einzelunternehmen, deren Organisation er von seinem Kontor, seinem Palast oder seinem Haus aus koordinierte.

Ein ganzes Heer von Buchhaltern, Kommissionären, Vertretern und Angestellten – die sogenannten »Faktoren« – führten im Ausland seine Befehle aus.

Um neben der Buchführung ihre Geschäftsberichte zu prüfen und ihnen seine Befehle zu erteilen, stand er im Mittelpunkt eines gewaltigen Schriftverkehrs. Er wußte, daß Zeit Geld ist. Auch wußte er, wie wichtig es für ein erfolgreiches Geschäft war, früher als seine Konkurrenten die Ankunft der Schiffe zu kennen oder von eventuellen Schiffbrüchen zu hören; ebenso mußte er den Zustand der Ernten – denn zu dieser Zeit waren die Naturfaktoren übermächtig und die Katastrophen verheerend – und die politischen und militärischen Ereignisse kennen, die den

---

* Tatsächlich glichen die Methoden der Hanse den üblichen im Abendland verbreiteten Methoden. Im 14. und 15. Jahrhundert blieben sie im Vergleich zu den Methoden der großen italienischen Handelskompanien allerdings rudimentär.

Waren- und Geldwert beeinflussen konnten. Deshalb war der Kaufmannsbanquier ständig auf der Jagd nach Neuigkeiten.*

Den plastischsten Eindruck von der Arbeit des Kaufmanns erhält man, wenn man die umfangreiche, uns erhaltene Handelskorrespondenz des Mittelalters liest, von der bisher allerdings nur ein kleiner Teil veröffentlicht worden ist.

Verschiedene Arten von Kaufleuten

Mit der Ausdehnung der Geschäfte veränderte sich die Welt der Kaufleute. So brauchte sich der wandernde flämische Kaufmann, der einst seine Tuche auf die Messen der Champagne trug und Gewürze einkaufte, jetzt nicht mehr von der Stelle zu bewegen. Die Galeeren aus Genua und Venedig luden und entluden ihre Waren in Brügge, die italienischen Kaufleute, die Vertreter und Zweigstellen der großen Handelshäuser aus Florenz, Genua, Lucca und Pisa hatten sich in Flandern niedergelassen, und Käufer und Verkäufer pflegten permanente Kontakte vor Ort, wie sie es seit langem in Florenz gab, wo Giovanni Villani voller Stolz von der Nutzlosigkeit der Messen sprach, »denn in Florenz ist immer Markt«. So wurde der flämische Kaufmann zu Hause zu einem seßhaften und passiven Vermittler, d.h. zum Makler. Er knüpfte zwischen den ausländischen Kaufleuten Kontakte, vermittelte zwischen ihnen Waren und Geldgeschäfte, besorgte ihnen Unterkünfte und Lager und lebte von den Provisionen, die sie ihm für seine Dienste zahlten.

Unter den Kaufleuten verbreitete sich auch eine gewisse Spezialisierung. Die Kategorien, die entstanden, schwankten je nach Region. Wie R. de Roover für Brügge gezeigt hat, lassen sich grosso modo auf dem Geldmarkt Lombarden, Geldwechsler und Devisenmakler unterscheiden, wobei letztere Kaufmannsbanquiers im wahren Sinne des Wortes waren.

---

* Pietro Sardella hat zum Thema »Neuigkeiten und Spekulationen in Venedig« einen wichtigen kleinen Aufsatz geschrieben.

Die Lombarden oder Cahorsiner* waren Pfandleiher und Wucherer, die kurzfristige Gebrauchsdarlehn anboten. Ihre Kunden waren vor allem Menschen aus mittleren und kleinen Verhältnissen: Kleriker, Bürger, die keine Händler waren, zweitrangige Adlige und Bauern. Die Summen, die sie mit Wucherzinsen für ein oder zwei Monate, manchmal für drei oder sechs Monate verliehen, waren nicht für den ökonomischen Gebrauch bestimmt, sondern für den persönlichen Konsum des Geldleihers, der sich in einem Engpaß befand und als Pfand persönliche Gegenstände gab: Geschirr, Kleider, Werkzeuge, Waffen usw. Die ökonomische Macht der Lombarden sollte nicht unterschätzt werden. Um den Bedürfnissen ihrer zahlreichen Kunden sowie den beträchtlichen Auslagen zu genügen, die ihre Tätigkeit verursachten, verfügten die Lombarden über einen umfangreichen Kapitalbesitz, den sie durch Familienassoziationen oder dank der Einlagen Dritter zusammentrugen. In Brügge verfügten die Cahorsiner am Anfang des 15. Jahrhunderts über ein großes Gebäude am Quai der Sankt Aegidius Gemeinde und über ein kleines Gebäude, das sie bewohnten. Ihr Horizont blieb jedoch beschränkt. Weil sie im großen Maßstab operieren wollten, gingen die Lombarden und Cahorsiner von Brügge 1457 bankrott. Und schließlich wurden sie darüber hinaus in ihrer Berufsausübung behindert und dienten als Zielscheibe öffentlicher und privater Feindseligkeiten, ohne daß sie, von Ausnahmen abgesehen, die Möglichkeit eines sozialen Aufstiegs hatten.

Über den Lombarden standen die Geldwechsler. Ihre Bank oder ihr Tisch *(bancho, tavola)* stand im Freien vor einem Geschäft, das wie das aller Handwerker zur Straße hin offen war. Sie standen zusammen, um den Kunden, den sie sich oft teilen mußten, zu beraten. In Brügge stellten sie ihre Tische in der Nähe des Großen Platzes und der Großen Tuchhalle auf; in

---

* Ein Gattungsname, dem wahrscheinlich kein genauer geographischer Ursprung entspricht.

Florenz standen ihre *banchi in mercato* auf dem Altmarkt oder Neumarkt, in Venedig befanden sich ihre *banchi di scritta* auf der Rialtobrücke, in Genua nahe der *Casa di San Giorgio*.

Das höfische Epos von Galeran de Bretagne vermittelt uns ein lebendiges Bild von den Geldwechslern in Metz um 1220:

Si sont li changeurs en la tire
Qui davant eulx ont leur monnoye:
Cil change, cil conte, cil noie,
Cil dit: »C'est voirs«, cil: »c'est mençonge«.
Onques yvres, tant fust en songe,
Ne vit en dormant la merveille,
Que puet cy veoir qui veille.
Cil n'y resert mie d'oysensez
Qui y vent pierres précieuses
Et y manges d'argent et d'or
Autres ont davant eulx grant tresor
De leur riche vesselment.

(Hier stehen die Geldwechsler in eine Reihe,
vor ihnen liegt ihr Geld,
der eine wechselt, der andere zählt, ein Dritter
lehnt ein Geschäft ab,
einer sagt: »Das ist wahr«, ein anderer: »Das
ist falsch«.
Niemals sah ein Trunkener im Traum,
während er schlief, die Wunderdinge,
die man dort mit wachen Augen sehen kann.
Niemals begeht eine Dummheit,
wer dort Edelsteine verkauft,
sowie Bilder aus Silber und Gold.
Andere haben vor sich den großen Tresor
ihrer kostbaren Silberwaren ausgebreitet.)

Sie übten vor allem zwei traditionelle Funktionen aus: den Geldwechsel (von daher ihr Name) und den Handel mit Edelmetallen. Sie waren die Hauptlieferanten von Edelmetallen, welches sie von ihren Kunden in Form von Barren oder häufiger in Form von Geschirr erhielten. Den Umständen entsprechend exportierten sie auch Edelmetalle, trotz des theoretischen Monopols der Münzer. Durch diese Geschäfte bestimmten sie den Edelmetallpreis, übten einen großen Einfluß auf seine Schwankungen aus und neigten dazu, den Markt für Edelmetalle zu beherrschen.

Zu den alten Funktionen kamen neue hinzu: die Annahme von Einlagen und Reinvestition von Darlehn. Sie wurden zu Bankiers. Durch diese Einlagen, die Akzeptation laufender Konten für ihre größten Kunden, durch Darlehn, Vorauszahlungen, Investitionen und bargeldlose Überweisungen waren sie die unentbehrlichen Helfer der Kaufleute und Wohlhabenden geworden, die alle ihr Konto bei einem Geldwechsler hatten: am Ende des 14. Jahrhunderts traf das auf eine unter 35 oder 40 Personen zu, obwohl 80% der Kunden der Geldwechsler in Brügge einen Kontostand von weniger als 50 flämischen Pfund hatten. Auf der sozialen Stufenleiter hatten die Geldwechsler die oberen Plätze inne.

An der Spitze standen jedoch diejenigen, die man in Brügge die Wechselmakler *(cambistes)* nannte und die in Florenz die *banchi grossi* abhielten, also die Kaufmannsbanquiers im eigentlichen Sinne des Wortes. Ihre Aktivitäten waren nicht spezialisiert. Zusätzlich zum Warenhandel aller Art, den sie mit Exporten und Importen auf internationaler Ebene betrieben, übten sie noch eine vielfältige finanzielle Tätigkeit aus: das Wechselgeschäft, die Annahme von Einlagen und Kreditoperationen, die Teilhabe an mehreren »Sozietäten« und das Versicherungsgeschäft gehörten dazu. Wie die Medici, die in Florenz zwei Tuchfabriken und eine Seidenfabrik besaßen, waren sie oft auch Produzenten, »Industrielle«. Benedetto Zaccaria, der von Genua aus den Alaunmarkt des 13. Jahrhunderts kontrollierte, verwirklichte sogar eine Art von »Fusion«, weil er Alaun in seinen eigenen Schiffen transportierte und in einer Färberei verwendete, die er selbst aufbaute.

Waren sie in Venedig nur Großhändler, die den Einzelhandel kleineren Händlern überließen, so hatten sie andernorts häufig

Geschäftslokale, und es war nicht unter ihrer Würde, wie die einfachen Lombarden manchmal kleine Gebrauchsdarlehn gegen Wucherzins zu verleihen. Ihre Geschäfte wurden jedoch nicht draußen, *all'aperto* abgewickelt, sondern *dentro*, in ihrem Haus, das oft ein Palast war – in dem ihr *scrittoio*, ihr Schreibtisch, stand, der Mittelpunkt ihrer umfangreichen Geschäfte.

Als Beispiel kann Jacques Cœur (1395–1456) gelten, einer der größten Geschäftsleute überhaupt. M. Mollat, der die Verflechtungen seiner Geschäfte untersucht hat, hat deren ausufernden Umfang skizziert: »eine Karte mit der Verteilung seiner geschäftlichen Interessen würde einer Wirtschaftskarte Frankreichs in der Mitte des 15. Jahrhunderts entsprechen«. Überall besaß er Immobilien: Landgüter, reiche Patrizierhäuser in Bourges, Saint-Pourçain, Tours, Lyon, Montpellier. Darüber hinaus empfing er Grundrenten. Hinzu kamen alle möglichen Spekulationen, wie die Pacht von Sonder- und Salzsteuern und das Lösegeld von englischen Gefangenen. Das Aktionsfeld seiner Handelsschiffe war vor allem der Mittelmeerraum, aber er hatte auch Schiffe auf dem Atlantik, im Ärmelkanal, in der Nordsee, ganz zu schweigen von den Flüssen: Loire, Rhône, Seine. »Kein handelsfähiger Gegenstand ließ ihn kalt.« Silberwaren, Möbelkammer; das königliche Warenlager, das er leitete, gehörte zu seinen besten Kunden. Wie vielen anderen auch, verkaufte er der Krone Leinen, Tücher, Leder, Pelze, Salz, Gewürze und Kunstobjekte. Den königlichen Armeen lieferte er Harnische und Waffen. In Florenz, in Spanien und Brügge ging er seinen Geschäftsinteressen nach. Nachdem er bei Karl VII. wegen Veruntreuung in Ungnade gefallen und aus dem Gefängnis geflohen war, fand er beim Papst Zuflucht. Das Papsttum war selbst eine gewaltige Wirtschaftsmacht. Er starb schließlich auf Chios, einem der Hauptstützpunkte des genuesischen Reiches.

War der mittelalterliche Kaufmann ein Kapitalist?

Die berühmte These von Werner Sombart, derzufolge der Großkapitalist mit der Moderne, d.h. der Renaissance und der

Reformation im 16. Jahrhundert auftrat, kann heute, da wir besser über den mittelalterlichen Kaufmannsbanquier Bescheid wissen, nicht mehr aufrechterhalten werden. Es ist sicher besser, den mittelalterlichen Großkaufmann als einen Vorkapitalisten zu betrachten. Folgt man der engen marxistischen Definition des Kapitalismus, dann hat es im Mittelalter überhaupt keinen Kapitalismus gegeben. Das mittelalterliche Wirtschafts- und Sozialsystem beruhte auf dem Feudalismus, innerhalb dessen Rahmen die *mercatores* Handel trieben. Sie trugen jedoch dazu bei, diesen Rahmen zu sprengen und die feudalen Strukturen zu zerstören. Denn, wie zu zeigen sein wird, beeinflußten die großen Kaufleute die Agrarentwicklung durch die Einbringung von städtischen Kapitalien – zumindest in Regionen wie Italien und Flandern –, die Erweiterung der Weltwirtschaft beschleunigte diese Entwicklung und hatte tiefgreifende Auswirkungen auf die Agrar- und Industriepreise. Damit ebneten die Kaufleute dem Kapitalismus den Weg. E.-A. Kosminsky hat in der Expropriation der ländlichen Klassen vom Eigentum an Grund und Boden, besonders in England, an der die Kaufleute Anteil hatten, die Quelle der »ursprünglichen Akkumulation« des Kapitals gesehen. Doch schon der mittelalterliche Großkaufmann begann mit der Konzentration der Produktionsmittel in privater Hand und beschleunigte den Entfremdungsprozeß der Arbeiter und Bauern, die zu Lohnarbeitern wurden. Einige marxistische Historiker, wie V.-I. Ruthenberg, die die florentinischen Handelskompanien des 14. Jahrhunderts untersuchten, zögerten nicht, darin die Anfänge des Kapitalismus im strengen Sinne des Wortes zu sehen. Selbst ein Historiker wie Frantisek Graus, der die These von mittelalterlichen Kapitalisten ablehnt, geht davon aus, daß kapitalistische Elemente vor allem in Italien durchaus nachzuweisen sind. Mit Recht protestiert er gegen unwissenschaftliche und unhistorische Auffassungen vom »ewigen Kapitalismus« und fordert, daß die Untersuchung der Strukturen Vorrang vor der Untersuchung der Mentalitäten habe. Er zitiert Marx: »Die Verwandlung des Handwerksmeisters in den Kapitalisten suchte das Zunftwesen des Mittelalters dadurch gewaltsam zu verhindern, daß es die Arbeiteranzahl, die ein einzelner Meister beschäftigen durfte, auf ein sehr geringes Maximum beschränkte. Der Geld- oder Warenbesitzer verwandelt sich erst wirklich in einen Kapitalisten, wo die für die Produktion vorgeschossene Minimalsumme weit über dem mittelalterlichen Maximum steht.« Aber der Autor des *Kapital*,* der von den historischen Kenntnissen seiner Epoche abhängig war, verwechselt hier die Handwerker mit den großen Kaufleuten, die sich kaum um die Zunftregeln kümmerten und die qualitative und quantitative Ausdehnung ihres ökonomischen und sozialen Einflusses beträchtlich unterschätzten.

Gewiß darf nicht vergessen werden, daß die mittelalterliche Wirtschaft grundsätzlich ländlich blieb, daß das Handwerk in den Städten dominierte und daß die großen Handelsgeschäfte nur die Oberfläche bildeten. Doch die Geldmassen, die er in Umlauf brachte, die Weitläufigkeit seines geographischen und wirtschaftlichen Horizonts und seine Handels- und Finanzmethoden machten den mittelalterlichen Kaufmannsbanquier zu einem Kapitalisten. Kapitalist war er auch durch seine Geisteshaltung, seinen Lebensstil und seine gesellschaftliche Stellung.

---

* Marx/Engels, *Werke*, Bd. 23, Das Kapital I, Berlin 1972, S. 326–7 (A. d. Ü.)

II. DIE GESELLSCHAFTLICHE UND POLITISCHE ROLLE DES KAUFMANNS

Kaufleute und Städte

Welchen Ursprung die großen mittelalterlichen Kaufleute auch haben mögen, fest steht, daß ihre ökonomische Macht mit der Entwicklung der Städte, als Mittelpunkt ihrer Geschäfte, verbunden war. Ihr sozialer Einfluß und ihre politische Macht – als Konsequenz und Beweis ihrer ökonomischen Macht – konzentrierten sich ebenfalls auf die Stadt. Obwohl diese Entwicklung nicht demselben Rhythmus folgte, nicht völlig synchron verlief und unterschiedliche Formen annahm, so läßt sich doch sagen, daß die Städte im 13. Jahrhundert politisch und sozial von den großen Kaufleuten beherrscht wurden. Obwohl der Aufstieg der Kommunen nicht direkt parallelisierbar ist mit der Entwicklung der Kaufmannsschicht – in Genua wurde jedoch die Vereinigung der Kaufleute *(compagna)* schon 1099 zur Kommune, und im deutschen Raum identifizierte sich der Stadtrat mit den großen Kaufleuten –, spielte die Kaufmannsschicht beim Aufstieg der Städte eine gewichtige Rolle und war sein Hauptnutznießer. Sie erreichte diese Position über ein Spiel von komplexen Beziehungen mit den anderen Klassen und sozialen Gruppen: Adel, Handwerk, Arbeiter und Bauern, wobei hier von der Kirche und der höchsten politischen Schicht, d.h. den Grundherren und Monarchen, abgesehen wird, die im nächsten Kapitel untersucht werden sollen.

1. Die gesellschaftliche Rolle der großen Kaufleute

Kaufleute und Adlige

Für den Adel bedeutete der Aufstieg der Kaufleute entweder Kampf, Angleichung oder Untergang. In Florenz scheint der Kampf zwischen den Adligen von altem Schrot und Korn, den *magnati*, und den *popolani*, die sich in den von den großen Kaufleuten beherrschten Zünften (Arti) zusammengeschlossen hatten, mit den Justizordonnanzen von 1293 zu Ende gegangen zu sein. Die Mitglieder der einhundertsiebenundvierzig Familien der *magnati* wurden aus den öffentlichen Ämtern ausgeschlossen und mit strengen Strafen belegt. Aber unter diesen Familien gab es bereits Kaufleute, die Ritter geworden waren. Diese Maßnahmen zeugen ebenso vom Kampf einer neuen Kaufmannsschicht gegen eine alte wie vom Sieg des Handelsbürgertums über den grundbesitzenden Adel – so schwierig die Unterscheidung der beiden Gruppen auch sein mag.

Der Adel, dessen Schwächung mit dem Niedergang der ländlichen Feudalwirtschaft zusammenhing, enthielt sich zuweilen absichtlich all jenen ökonomischen Engagements, welches gerade die Stärke der Kaufmannsschicht ausmachte. So entsagten zum Beispiel in Frankreich und Spanien die Adligen dem Handel, weil dies juristisch den Verlust ihrer Standesprivilegien und den Verzicht auf ihren »Stand« zur Folge gehabt hätte und sie somit, trotz der Anstrengungen Ludwig XI., ihres adeligen Status verlustig gegangen wären. Häufig suchten die Adligen jedoch Anschluß an diese neuen Gewinnquellen, investierten Kapitalien in den Handel oder trieben selbst Handels- und Bankgeschäfte. Das galt besonders für italienische Adlige, die sich den neuen Gegebenheiten leichter anzupassen vermochten, da viele von ihnen in der Stadt lebten. Die italienische Stadtentwicklung war nämlich, trotz des Niedergangs der Städte im Frühmittelalter durch eine gewisse Kontinuität zwischen Antike und Mittelalter gekennzeichnet. Darüber hinaus ließen sich die Landadligen in den Städten nieder, sobald diese begannen sich zu entwickeln.

Die Adligen gingen in der neuen Kaufmannsschicht auf, so daß teilweise eine Aristokratie entstand, zu der alte Lehnsherren, ehemalige Seigneuriale und königliche Funktionsträger, sowie Neureiche zählten. Diese Aristokratie traf man, wie die Untersuchungen von André Sayous und Robert Lopez zeigen, in Genua sowie in Venedig, wie die Arbeiten von Gino Luzzato beweisen, an. In Venedig, so heißt es, »sind die Dogen Kaufleute, und die Kaufleute sind Admiräle.«

Selbst dort, wo die neue Kaufmannsschicht bürgerlich, nichtadelig und »volkstümlich« war und ihren sozialen Rang und ihre politische Macht gegen den Feudaladel erobern mußte, nahmen im 14. und 15. Jahrhundert die Konflikte zwischen ihr und der alten Aristokratie dennoch beträchtlich ab, und zwar unter dem Einfluß von zwei Entwicklungen.

Die erste Entwicklung führte dazu, daß sich das reiche Handelsbürgertum von den städtischen Volksschichten, deren es sich noch in seiner Eroberung der Macht bedient hatte, trennte. Diese Volksschichten flößten dem Handelsbürgertum Angst ein, sobald sie den Anspruch erhoben, seine wirtschaftliche Machtstellung zusammen mit seiner politischen Hegemonie zu beschränken oder zu zerstören. Da die für die Kaufleute gefährliche Klasse nicht mehr über, sondern unter ihnen lag, wandten sie sich wieder dem verbleibenden alten Adel zu, um einen Verbündeten zu gewinnen. Eine solche Entwicklung läßt sich zum Beispiel daran ablesen, daß die großen Kaufleute nach der proletarischen Revolution der *Ciompi* (Wollkämmer) am Ende des 14. Jahrhunderts (1378–82) in Florenz die alten Adligen wieder in die Stadtverwaltung aufnahmen.

Die zweite Entwicklung führte die reichen Kaufleute schon früh dazu, Zugang zum Adel zu suchen. Diese Tendenz zeichnete sich bereits zu Beginn der neuen Kaufmannsära auf verschiedenen Ebenen ab.

Manch ein Kaufmann suchte über den Weg der Ehe Zugang zum alten Adel zu finden. Ein florentinischer Chronist des 13. Jahrhunderts schrieb: »Jeder Tag erlebt einen gemeinen, aber reichen Mann, der eine arme, aber adlige Frau heiraten will.«

Andere Kaufleute wiederum nähern sich durch ihren Lebensstil – durch ihre Paläste und Turniere – dem Adel an und werden bald als Angehörige akzeptiert. Die Peruzzi, die berühmten Kaufmannsbanquiers aus Florenz, die juristisch zum *popolo* gehörten, trugen Sporen und benahmen sich wie Ritter. Ein Geldwechsler aus Brügge, Evrard Goederic, ließ sich mit Sire und seine Frau mit Madame anreden; als Kommandant der städtischen Miliz kämpfte er zu Pferde. Von den Cancellini aus Pistoia sagte Villani: »Ihre Familie war nicht sehr alt, aber ihr Reichtum half, daß sie alle zu Rittern, zu guten und achtenswerten Menschen wurde.« Hier spiegeln schon die von Villani benutzten Begriffe dieses Nebeneinander von adligen und bürgerlichen Werten wider.

Noch häufiger kam es vor, daß man sich Ländereien, ein feudales Gut kaufte, was zumindest anfänglich nicht nur eine gute Investition, sondern eine Gelegenheit zum sozialen Aufstieg und zur Aufnahme in den Adel darstellte.

Dort, wo sich an der Spitze des sozialen Systems die Macht eines Prinzen oder Monarchen erhielt oder entwickelte, wetteiferten die Kaufleute, nicht nur um ihren seigneurialen Grundbesitz, sondern auch um den Kauf von Adelsbriefen, wie eine Studie über die Jossard, eine reiche Bürgerfamilie aus Lyon, hat zeigen können.

Als sich gegen Ende des Mittelalters viele Kaufmannsfamilien aus den Geschäften zurückzogen, entweder als Folge von geschäftlichen Schwierigkeiten, was zu einer verstärkten Investition in Immobilien und Grundstücke führte, oder weil sie ein Leben als Rentier den Mühen des Handels vorzogen und die Verfassung der zentralisierten Monarchien ihnen neue Möglichkeiten bot, wurde der Übergang des reichen Handelsbürgertums in die Aristokratie, die von Renten lebte, oder in den Amtsadel oder Robeadel weiter erleichtert.

Entlang der Entwicklungskurve von zwei französischen Bürgerfamilien läßt sich dies exemplarisch verdeutlichen:

Ph. Wolff hat den Aufstieg der Familie Ysalguier aus Toulouse beschrieben. Diese Kaufmannsfamilie verband sich schon früh durch den Kauf von Grundbesitz oder eine kluge »Matrimonialpolitik« mit dem Adel. Ihre Angehörigen wurden Soldaten und vor allem königliche Agenten, während sie gleichzeitig in ihrer Stadt die Funktion von Hauptleuten ausübten. »Nach 1380 schien die Entwicklung der Familie vollendet zu sein. Kein Ysalguier beschäftigte sich noch mit Handel und Geldwechsel.« Aber in Zeiten feudaler Krisen nahmen die neuen Adligen am Niedergang der alten Grundherren teil. »Der Kaufmann strebt auf natürliche Weise zum Adel. Aber Adel bedeutet oft auch Mittelmäßigkeit – wenn auch nicht ohne Ehre und Stolz – aber doch Mittelmäßigkeit.«

Dr. Feuchère unterschied sechs Entwicklungsstadien des Bürgertums in Lille zwischen dem 13. und 14. Jahrhundert:

1. Das Vermögen: Vom Land her kommend, ließen sich die künftigen Bürger in der Stadt nieder und wurden Ladenbesitzer. Ihre Söhne oder Enkel rundeten ihr Vermögen ab und ließen sich den Bürgerstand zuerkennen. 2. Das Schöffenamt: Sie übernahmen städtische Ämter und gewannen Anteil an der politischen Führung der Stadt. 3. Die Lehen: Sie erwarben sie durch Kauf oder Heirat. 4. Der Adelstitel: Er wurde ihnen von den Fürsten für erwiesene Dienste verliehen. 5. Der Amtsadel: Während der burgundischen Epoche wurden sie fürstliche Amtsträger, was denjenigen den Adelstitel verlieh, die ihn noch nicht besaßen. 6. Schließlich konnten sie in den Militäradel aufgenommen und Ritter werden.

Am Anfang standen Geldwechsel und Tuchherstellung. Vom vierten Stadium an hörte der Handel gänzlich auf. Nur ungefähr zehn Familien erreichten die fünfte und sechste Stufe.

So gab es zwischen Kaufmann und Adligem, abgesehen von dem kurzen und heftigen Kampf gegen die feudalen Beschränkungen des Frühmittelalters, keinen tiefgreifenden Antagonismus. Eine inverse, aber konvergente Doppelbewegung von Verbürgerlichung und Adelung führte fast überall Kaufleute und Adlige zusammen.

Letztlich fand der Kampf zwischen dem alten und dem neuen Adel statt, wobei letzterer ein Ergebnis der Verschmelzung zweier Kaufmannsschichten war, nämlich derjenigen mit adligem und derjenigen mit bürgerlichem Ursprung.

Kaufleute und städtische Volksschichten

In vielen Städten waren die Kaufleute jedoch Söhne des »Volkes« geblieben. Es wäre aber falsch anzunehmen, daß das Volk aus einer einzigen Klasse bestand. Die reichen Kaufleute und Bankiers bildeten eine Schicht für sich, die lange Zeit dominierend war.

Zur Unterscheidung zwischen den Kaufleuten und der Welt der Handwerker müssen die tiefsinnigen und brillanten Bemerkungen von Armando Sapori über »die Koexistenz der beiden Welten« zitiert werden:

> »Auf der einen Seite stand die traditionelle und daher wesentlich mittelalterliche Welt, mit ihrer typischen Gewerbeordnung [...]. Es war die Welt der Meister und Lehrlinge, die Welt der zahllosen Werkstätten, in denen ein Heer einfacher Handwerker, die meistens rohe Analphabeten, für einen auf die Stadt- oder Viertelgrenzen beschränkten Markt arbeiteten und als Tauschmittel das Geld der *piccoli* verwendeten.
> Neben dieser kleinen Welt lebte auf der anderen Seite eine fortschrittliche Welt: die Organisation der internationalen Handelsgesellschaften, die über reiche Lagerhäuser verfügten, in denen sich die kostbarsten Waren stapelten. Hier trieben Männer mit langer Erfahrung und reicher Bildung, Männer mit kühnen Ansichten und zügellosen Ambitionen mit den Haupthandelszentren der Länder jenseits der Berge und Meere Handels- und Geldgeschäfte und ließen Ströme von Goldflorins und ausländischen Währungen fließen.
> Auch waren die beiden Welten nach der doppelten Grundlage der kirchlichen Moralgesetze und der juristischen Gesetze der Stadt und der Zünfte organisiert. Es ist daher nicht verwunderlich, wenn die Gelehrten, die als Quelle nur die »Statuten« heranzogen, nur eine einzige Welt in den Blick bekamen und begriffen: die Welt der Zünfte. Während jedoch diese Gesetze für die Handwerker tatsächlich obligatorisch waren – was sie

äußerst wirksam machte und eventuelle Initiativen bremste, weil alle Aktivitäten und Lebensweisen auf demselben Niveau gehalten wurden, hatten sie für die großen Kaufleute einen eher formellen als substantiellen Wert. Da sie letzten Endes von den Männern, die eine vorrangige Rolle in der Gemeindepolitik und der Zunftwirtschaft spielten, erstellt worden waren – und zwar trotz des komplizierten Mechanismus der Räte, Abstimmungen und Auslosungen –, stellten diese Gesetze für die Privilegierten nur eine Art von providentiellem Schirm dar, in dessen Schatten sie einer Aktivität nachgehen konnten, die sie risikolos ihrem wahren Ziel entgegenbrachte. Wenn sie in irgendeinem der Gesetze, die sie mit großer Geschicklichkeit verfaßt hatten, auf ein Hindernis stießen, und es ihnen daher unmöglich war, einen Gesetzesbruch zu vertuschen oder zu rechtfertigen, beseitigten sie einfach das Hindernis mit ebenso viel Kühnheit wie Geschicklichkeit, was übrigens kein Verfahren ist, das nur das Mittelalter kannte [...]. Wenn man jedoch das Statutenrecht wörtlich nimmt und glaubt, daß alle Menschen vor ihm gleich waren, gelingt es unmöglich, die Bildung von phantastischen Vermögen, von Monopolen und Trusts zu erklären, in einem Wort, die Wirtschaftsordnung, die in nichts hinter derjenigen zurückstand, die die Historiker und Ökonomen später übereinstimmend ›kapitalistische Organisation‹ nannten.«

Abgesehen von den Städten, die keine Zünfte kannten – wie Genua – oder in denen sie sich erst später, im 15. Jahrhundert, bildeten, wie in Lyon und Poitiers, läßt sich sagen, daß die großen Kaufleute keineswegs behindert wurden durch das Zunftwesen, sondern es vielmehr als Herrschaftsmittel gegen die Welt der Handwerker benutzten, so daß das Handwerk schließlich die »Koexistenz« verlor, an der es in bescheidenem Umfang Anteil gehabt hatte.

In Florenz kann man zum Beispiel das *popolo grasso* eindeutig den »oberen Zünften«, die die reichen Kaufleute umfaßten, zurechnen und das *popolo minuto* den »niederen Zünften«, die die Handwerker umfaßten. In Florenz zählte man von den einundzwanzig Zünften nur die ersten fünf zu den wirklich bedeutenden, die über einen internationalen Aktionsradius verfügten: die *Arti di Calimala* (d.h. die großen Importeure und Exporteure), die Zünfte der Geldwechsler und Wollhändler, die *Arti di Por Santa Maria* (d.h. der Seide), die Zunft der Ärzte sowie der Kolonial- und Kurzwarenhändler, die in einer einzigen Zunft zusammengefaßt waren, die mit allen Produkten handelte, die »Kolonialwaren« genannt wurden, von denen ein Handbuch der Epoche zweihundertachtundachtzig aufführt. Armand Grunzweig hat die ökonomische und politische Herrschaft untersucht, die diese fünf Zünfte in Florenz ausübten, und die in der Rolle des Handelsgerichts *Mercanzia* zum Ausdruck kam. Die *Mercanzia* war ab 1308 das sichtbare Ergebnis dieser Macht. Grunzweig schildert sehr anschaulich die Kämpfe vor der *Mercanzia*, die die Ladenbesitzer und Handwerker der niederen Zünfte gegen die Kaufmannsbanquiers führten, besonders um die Stornierung oder Stundung der Schulden zu erreichen, die sie bei diesen hatten.

Natürlich war der Einfluß der großen Kaufleute auf die Arbeiter noch größer, besonders in den beiden Regionen, in denen man im Mittelalter von einem Arbeiterproletariat, das von der Existenz einer großen kapitalistischen Industrie abhängig war, sprechen kann: die Textilindustrie in Flandern und die Textil- und Schiffsindustrien Mittel- und Süditaliens. Sehr oft befanden sich Handwerker und Arbeiter gegenüber dem Kaufmannsbanquier auf derselben Stufe ökonomischer Unterordnung: zum Beispiel läßt sich in Florenz im 14. und 15. Jahrhundert die Proletarisierung der kleinen Handwerker beobachten.

Gegenüber diesen sozialen Gruppen verfügten die Kaufleute über umfangreiche Unterdrückungs- und Druckmittel.

Ein Tuchhändler aus Douai, Sire Jehan Boinebroke, soll uns als Beispiel dienen:

Eine große Zahl uns überlieferter, außergewöhnlicher Dokumente, die Georges Espinas in einem berühmten Buch herausgegeben und kommentiert hat, zeigen die Beziehungen auf, die zwischen dem Kaufmann und dem Netz seiner »Beschäftigten« und »Verpflichteten« bestanden, d.h. kleine Nachbarn, Schuldner, Lieferanten, Domestiken, Arbeiter, kleine Handwerksmeister und Beschäftigte, die entweder »in seinem Wollunternehmen oder für es arbeiteten«. In Vollstreckung einer Klausel seines Testaments hatten seine Erben jenen Personen, denen er Schaden zugefügt hatte, Entschädigung versprochen; einige von ihnen wagten es, Ansprüche zu erheben. Der Text, in dem diese Ansprüche zusammen mit einigen Belegen aufgeführt werden, ist uns überliefert.

Die kleinen Leute bindet er vor allem durch seine ökonomische Macht an sich. Er hat Geld und fordert von seinen Schuldnern die Zurückzahlung der Schulden vor der Fälligkeit; unberechtigte Pfänder, die er sich gewaltsam aneignet, und Summen, die weit über dem geschuldeten Betrag liegen – bis zum dreifachen des Schuldbetrags.

Er hat Arbeit, und nicht nur die Arbeiter und Arbeiterinnen, die er auf seine Kosten bei sich beschäftigt, sondern auch die kleinen Handwerker, deren Werkzeug oft ihm gehört, die ihren Rohstoff nicht unabhängig von ihm beschaffen und die ihre Arbeitsprodukte nicht ohne seine Vermittlung verkaufen können, sind auf ihn angewiesen.

Er täuscht die Leute über die Qualität der Rohstoffe und ihr Gewicht und fordert Wucherpreise, Löhne und Einkäufe »zahlt er wenig, schlecht oder gar nicht«, er pflegt das »truck system«, d.h. den Naturallohn.

Er hat Wohnraum. Wie die meisten der großen Kaufleute besitzt auch er eine Reihe von Häusern, was eine um so interessantere Investition ist, als er, wie die anderen auch, besonders seine Arbeiter, Kunden und Lieferanten darin unterbringt. Da sie in einer Art früher Arbeitersiedlung wohnen, stehen sie in einem noch engeren Abhängigkeitsverhältnis. Weitaus schlimmere Folgen zeitigt die Tatsache, daß er sie wissentlich zu einem Arbeitslohn beschäftigt, der unterhalb des Mietpreises liegt, um sie noch mehr von seiner Willkür abhängig zu machen. »Man kann sagen, daß sie in seinen Häusern zu Gefangenen des Kerkermeisters Boinebroke wurden.« Die großen Kaufleute hatten überall beträchtlichen Anteil am städtischen Besitz. In

Lübeck besaßen sie die besten Eckgrundstücke auf den Hauptstraßen sowie die Kornspeicher und die Lagerhäuser am Hafen; außerdem besaßen sie in der Stadt die für die Handwerker unentbehrlichen Gebäude: mit Fässern, Backöfen und die gesamten Marktanlagen – der einzige Ort, an dem die Handwerker verkaufen und manchmal, wie die Goldschmiede, herstellen konnten.

Die kleinen Leute litten auch unter dem Gewicht seiner sozialen Macht. Boinebroke zeigte ihnen gegenüber bald Verachtung, bald nackte Gewalt. Vor allem Frauen, »die er sichtbar verachtete«, überschüttete er mit blankem Hohn und Spott: Einer Färberin, deren Waren er sich unrechtmäßig angeeignet hatte, sagte er: »Klatschweib, geh Wolle kämmen*, wenn Du schon arbeiten mußt. Ich kann Deinen Anblick nicht ertragen!« Und da sie, obwohl sie gezwungen ist, ihm zu gehorchen, protestiert, erwidert er: »Klatschweib! Soviel ich weiß, bin ich Dir nichts schuldig, aber ich erwähne Dich in meinem Testament.« Georges Espinas kommentiert Boinebrokes Verhalten folgendermaßen: »Der Patrizier spielt mit seinem Klatschweib, das er mit Worten traktiert, ebenso, wie man sagt, daß die Katze mit der Maus zu spielen pflegt, bevor sie ihr Opfer auffrißt. Deutlicher vermag der Gegensatz zwischen totaler Macht und äußerster Ohnmacht kaum illustriert werden.«

Ähnlich verhält er sich gegenüber dem Mieter, der zwar seine Miete bezahlt hat, sich aber weigert, mehr zu zahlen: »Sire Jehan war äußerst erzürnt und warf ihn ohne Gesetz und Urteil aus seinem Haus.« Er wendet also nackte Gewalt an. Weil ein Bauer ihm just in dem Moment, in dem der Preis der Färberröte stieg, die Pflanzen nicht verkaufen wollte, die er bereits einem anderen verkauft hatte, begab sich Boinebroke mit zwei seiner Arbeiter auf sein Feld »und ließ die Färberröte gewaltsam ausgraben und zu sich nach Hause bringen«, ohne daß der unglückselige Bauer auch »nur einen roten Heller bekam«.

---

* Eine sozial sehr niedrig stehende, da mühselige Arbeit. (A. d. Ü.)

Angesichts derartiger Willkür wagen es seine bescheidenen Geschäftspartner selbst nach seinem Tode, selbst zum Zeitpunkt der Entschädigungsklage nicht, gegen ihn aufzumucken: »Sie sind so lange dermaßen gepiesackt worden, daß sie sich auf ganz natürliche Weise ihrem Schicksal überlassen. Dieses Gefühl wirkte solange der Tuchhändler lebte, wurde jedoch schließlich so stark, daß es noch über seinen Tod hinaus anhielt und dazu führte, daß sie sich nur schüchtern mit ihren Beschwerden vorwagten. Das tyrannische Andenken an den Toten scheint noch über ihnen zu schweben und auf ihnen zu lasten, scheint sie zu behindern und einzuschüchtern, so daß sie zögern, in einem sozialen Milieu, das nicht das ihre, sondern im Gegenteil das ihres Peinigers ist, ihre Forderungen vor dem Testamentsvollstrecker des Verstorbenen kundzutun.«

Dennoch kam es manchmal zu heftigen Reaktionen. Neben Streiks und Unruhen gab es wahrhaft revolutionäre Bewegungen, die aus dem 14. Jahrhundert ein Jahrhundert der gewalttätigen sozialen Krisen machten. Gleichwohl diese Krisen sehr komplex waren, so läßt sich doch sagen, daß einer ihrer Grundzüge der Aufstand der ausgebeuteten Handwerker und Arbeiter gegen den Großkaufmann war.

Der Aufruhr richtete sich gegen den letzten Machtfaktor des Großkaufmanns, seine politische Macht, die schon sehr früh seinen wirtschaftlichen Erfolg und seinen Reichtum krönte. Die Kaufleute waren die Herren der italienischen Gemeinden und in weit höherem Maße noch die Herren der deutschen Stadträte, in denen sie ein Stadtrecht entwickelten, in das das primitive *jus mercatorum* Eingang fand. Im Jahre 1433 ließ sich Hans Popplau aus Liegnitz in Breslau nieder. Sein Vetter Andreas folgte ihm einige Jahre später dorthin. Sie gründeten eine Handelsgesellschaft, die sich auf den Handel von Stoffen, Heringen, Ölen, Gewürzen, Leder und Goldschmiedearbeiten spezialisierte. Sie kauften ihre Waren in den Niederlanden ein und verkauften sie in Bayern, Österreich, Böhmen und Polen. Hans wurde schon 1446 Mitglied des Breslauer Stadtrats und behielt seinen Sitz bis zu seinem Tod im Jahre 1456. 1448 wurde er Bürgermeister. Sein Sohn Markus war von 1483 bis 1499 Ratsmitglied, wobei er sich aber gleichzeitig um seine Geschäfte kümmerte.

Boinebroke selbst war mindestens neunmal Schöffe in Douai. Wir wissen, daß er auch 1280 Schöffe war, denn in diesem Jahr schlug er mit seinen Kollegen, die derselben Klasse angehörten wie er, »mit brutaler Gewalt« einen revolutionären Streik der Weber nieder. »Das Gesetz, das ihn bestrafen und seine Opfer rächen sollte, rettete ihn, denn es wurde von ihm selbst gemacht und angewendet. Um das zu verstehen, dürfen wir niemals Politik und Wirtschaft verwechseln; die eine ermöglichte und förderte die andere, die sie ihrerseits vervollständigte und konsolidierte; die eine legalisierte die andere, wie auch ihre Mißbräuche.«

Man ist geneigt zu glauben, daß der schreckliche Boinebroke eine Ausnahme war, und sicher gab es bei ihm einige individuelle Charakterzüge, Einstellungen und Verhaltensweisen. Wie jedoch G. Espinas unterstrichen hat und viele Dokumente bestätigen, war er darüber hinaus auch ein exemplarischer Vertreter eines bestimmten Typus, dessen soziale Verhaltensweisen, die durch ökonomische und soziale Strukturen bestimmt waren, sich durch eine einzigartige Unbändigkeit auszeichneten.

Kaufleute und Bauern

Wenn es zwischen Kaufleuten und Bauern insgesamt auch weniger direkte Kontakte gab als zu den anderen sozialen Klassen, so waren sie dennoch zahlreicher und bedeutender, als allgemein angenommen wird. Im Mittelalter waren Stadt und Land noch nicht voneinander getrennt. In wirtschaftlicher, demographischer und politischer Hinsicht hatten ihre Beziehungen besondere Bedeutung. In den stark urbanisierten Gebieten, in denen die Kaufleute schon früh ihre Macht gewannen, machte sich ihre Einwirkung auf das Land schon bald bemerkbar. Sie halfen zunächst bei der Freilassung der Bauern, denn das war sowohl ein Kampfmittel gegen die Feudalherren als auch eine Gelegenheit, den Adligen oder Bauern Ländereien abzukaufen. Dadurch wurden dem Adel Arbeitskräfte entzogen, und die grundbesitzenden Bauern ließen sich von dem angebotenen Geld verführen. Die Landflucht der freigelassenen Bauern gab den Kaufleuten wiederum ein Mittel an die Hand, billige Arbeitskräfte für Industrie und Handel anzuheuern.

In einigen Regionen erschütterten die Kaufleute auch die Lebens- und Bewirtschaftungsweisen der Bauern. Dank ihrer Kapitalien vermochten sie in Land zu investieren, um die Techniken zu verbessern, umfangreiche hydraulische Arbeiten in Angriff zu nehmen, wie zum Beispiel in Flandern oder der Po-Ebene, und um Mühlen zu verbreiten. Dank ihrer geistigen Einstellung und ihrer Handelsmethoden konnten sie die Produktion verbessern und sie bis zu einem gewissen Grad rationalisieren. Dank ihrer kommerziellen Orientierung und ihrer Reaktion auf die Wirtschaftskonjunktur konnten sie manchmal die Kulturen umstellen und Agrarkrisen überwinden. So ersetzten sie zum Beispiel in England und in der Gegend um Metz die Pflanzenkultur durch Viehzucht, um den Bedürfnissen der Textilindustrie zu entsprechen. In Flandern dehnten sie die Färberröte-Kulturen für die Färberei aus. Im 14. und 15. Jahrhundert verbreiteten sie das Färberwaus, das zum Beispiel die Kaufleute aus Toulouse auf den weiten Flächen Süd-West-Frankreichs anbauen ließen. Und als die Seide aus Turkestan nur noch spärlich kam, kurbelten die florentinischen Kaufleute in Italien die Maulbeerbaum-Kultur an. Die Kaufleute interessierten sich auch geschäftlich für die Versorgung der Städte, die sie politisch beherrschten. Die Landwirtschaft wurde geschützt, und gewisse Kulturen, wie Weinbau oder Fruchtbäume, wurden gefördert. Eine der berühmten Fresken von Ambrogio Lorenzetti im *Palazzo Pubblico* von Siena stellt dar, wie sich das »gute Regiment« des Handelsbürgertums auf das Land auswirkte.

Es wäre jedoch falsch, davon auszugehen, daß die Bauern von diesen Kontakten nur profitiert hätten. Sie zogen nur dann Nutzen aus der Unterstützung der Kaufleute, wenn sie mit ihnen

Verträge eingingen, die ihnen, im Tausch gegen Kapitalien, Pachtvieh, Werkzeug und Saatgut, nicht nur zukunftsweisende Verpflichtungen auferlegten – wie zum Beispiel Urbarmachung, Forstung, Gebäudekonstruktionen –, sondern auch den Kaufleuten, d.h. den Geldgebern, den Löwenanteil an den Gewinnen überließen. Nach J. Schneider gewannen die Bauern der bürgerlichen Domänen in der Gegend von Metz »zwar die persönliche Freiheit, aber zum Preis der ökonomischen Unterdrückung.«

Als sich ab dem 14. Jahrhundert die ökonomische Krise besonders auf dem Land auswirkte, verhärtete sich die Haltung der Kaufleute gegenüber den von ihnen abhängigen Bauern um so mehr, als sie ihre Kapitalien verstärkt vom Land abzogen. Hatten die Kaufleute schon früh Grundbesitz erworben, der traditionellerweise ein Zeichen und eine Quelle des Reichtums und der sozialen Achtung war, so beschleunigte sich dieser Prozeß und die damit verbundene Tendenz einiger großer Kaufleute, Rentiers zu werden, ab dem 14. Jahrhundert. Es ist bekannt, daß die Medici berühmte Landgüter besaßen, die nicht nur luxuriöse Villen, sondern auch landwirtschaftliche Betriebe waren. So wurde durch den Prozeß der Verländlichung, der sich am besten am Beispiel der Familie Alberti illustrieren läßt, im 15. Jahrhundert ein Familienmitglied, der berühmte Leon Battista, zur Niederschrift einer ganzen Reihe von ökonomischen und moralischen Regeln inspiriert.

Gleichzeitig suchten die Kaufleute auf dem Land mehr als zuvor billige Arbeitskräfte, besonders für die Textilindustrie. So beschäftigte die Tuchindustrie von Marseille, neben den Bewohnern aus dem Südosten, Menschen aus der Gegend um Lyon, und aus der Provinz Bresse und selbst aus der Gegend um Chartres. Während die Kaufleute der alten städtischen Textilzentren, wie Gent, alles bis hin zur Gewalt unternahmen, um die Entwicklung der konkurrierenden Industrie zu verhindern, bauten die Kaufleute der neuen Zentren ihr Vermögen gerade darauf auf, wobei sie jedoch die bäuerlichen Arbeitskräfte unterwarfen. In Italien fielen die Klauseln der Halbpachtverträge drakonischer aus; es entwickelte sich eine ländliche Arbeiterschaft, die unter elendsten Bedingungen lebte. Die Lage der Kleinbauern verschärfte sich, und auf Seiten der grundbesitzenden Kaufleute kam es zu einer heftigen Reaktion, die durch die Wiederbelebung der seigneurialen Abgaben dahin führte, die Bauern in einen Zustand der Knechtschaft zu unterwerfen. Dieser Prozeß war von einer wachsenden Verachtung gegenüber den *rustici* begleitet, die sich in der vom Handelsbürgertum geprägten Literatur des 15. Jahrhunderts widerspiegelt.

2. Aspekte der politischen Herrschaft des Handelsbürgertums

Das Handelsbürgertum, das sich auf sein Geld, seine Geschäftsbeziehungen und seine politische Macht in den Städten stützte, bildete somit im Mittelalter eine regelrechte Klasse mit Klassenbewußtsein, von der Y. Renouard im Hinblick auf Florenz schrieb: »Durch ihre politische Macht gründeten die Geschäftsleute eine Klassenherrschaft.« Trotz der Vorbehalte, die bedeutende Historiker hinsichtlich dieses Begriffs zum Ausdruck gebracht haben, muß man diese Klasse als Patriziat bezeichnen.

»Was ist unter diesem Patriziat zu verstehen?« fragt J. Lestocquoy. »Es ist eine soziale Klasse, deren Umrisse keine juristische Bestätigung erfahren haben, denn man darf diese relativ geschlossenen Gruppen nicht mit dem Bürgertum verwechseln. Es ist ein Teil des Bürgertums, oft der reichste Teil, vor allem jedoch ist es aufgrund seiner Einflußnahme auf die Stadtregierung der mächtigste Teil des Bürgertums. Im vollen Umfang entfaltet sich diese soziale Klasse erst in den Städten, wo Industrie und Handel fast uneingeschränkte Möglichkeiten der Bereicherung bieten.«

Den Höhepunkt seiner Bedeutung erlangte das Patriziat im 13. Jahrhundert. Unter dem Einfluß ökonomischer Krisen schränkte die soziale und politische Entwicklung in den folgenden Jahrhunderten manchmal die Allmacht der Patrizier ein.

Trotzdem waren die städtischen Revolutionsbewegungen nicht mehr als schnell erstickte Strohfeuer, da es den handwerklichen Mittelklassen oftmals gelang, die politische Macht der Städte mit den großen Kaufleuten zu teilen.

Unter den Motiven, die die kleinen Leute der Städte mit dem Schlachtruf »Nieder mit den Reichen!« zur Erhebung gegen die Tyrannei der Patrizier trieben, muß neben der Reaktion gegen das Elend, die die »Blaunägel« (d.h. die Färber) zur Revolte gegen die kapitalistischen Kaufleute veranlaßte, der Groll gegen die Verwaltung der städtischen Finanzen durch die Patrizier hervorgehoben werden.

Schon allein aufgrund der Tatsache, daß die Patrizier, die an der Macht waren, die Steuern festsetzten, machten sie sich unbeliebt. Die Tatsache, daß die Patrizier, die die Steuer bestimmten, sich gleichzeitig davon befreiten und die ganze Last auf die Ärmsten abwälzten, trieb den Unmut auf die Spitze. Das kommt sehr gut bei Beaumanoir (1246–96) in einem bekannten Text aus seiner berühmten juristischen Abhandlung *Coutumes du Beauvaisis* zum Ausdruck:

»In den Stadtgemeinden wird oft Klage gegen die Taille erhoben, denn es geschieht oft, daß die Reichen, die die städtischen Regierungsgeschäfte leiten, weniger angeben als sie und ihre Familien schuldig sind, und sie lassen die gleichen Vorteile den anderen reichen Leuten zukommen, so daß die ganze Last auf die armen Leute abgewälzt wird.«

Steuerhinterziehungen waren so stark verbreitet, daß es manchmal zu Skandalen kam, wie zum Beispiel in Arras, wo ein Mitglied der berühmten Bankiersfamilie Crespin »vergaß«, 20000 Pfund in seiner Steuererklärung anzugeben!

Neben Steuerhinterziehungen fiel in weit höherem Maße die Verschwendung öffentlicher Gelder ins Gewicht, von denen ein Teil in die Kassen der großen Kaufleute wanderte. Die Städte verschuldeten sich und machten manchmal Bankrott, wie zum Beispiel Noyon. In Florenz versuchten 1343 die berühmten Bardi und Peruzzi die Macht an sich zu reißen, um den Bankrott ihrer Häuser abzuwenden. In einem kritischen Augenblick zögerte

Lorenzo der Prächtige nicht, aus der Gemeindekasse für die Ausstattung armer Mädchen zu schöpfen, um die Firma der Medici wieder flottzumachen.

Die »demokratischen« Kaufleute

In den »demokratischen« und selbst offen revolutionären Bewegungen spielten einige große Kaufleute, Angehörige des Patriziats, eine eigenartige Rolle. Zwei berühmte Beispiele waren Jacob van Artevelde (1390–1345) und Etienne Marcel (1316–1368).

Als Vorsteher der Kaufmannschaft von Paris gehörte Etienne Marcel einer der bedeutendsten und reichsten Tuchhändler-Familien der Stadt an. Er teilte mit den Angehörigen seiner Klasse den Widerstand gegen die Kronpolitik und die Feindschaft gegen den Feudaladel, der die Krone umgab, sowie gegen die Amtsträger der Monarchie, die versuchten, die Geschäfte der Kaufleute zu kontrollieren. Die Niederlage der Franzosen gegen die Engländer bei Poitiers (1356) und die Regentschaft des jungen Dauphins Karl (V) nutzte er insofern aus, als er sich bemühte, daß das aufständische Paris dem Regenten und seinen Ratgebern die Bedingungen des Bürgertums aufzwingt. Vor allem wollte er die auf den Städten drückenden Steuerlasten zu verringern suchen. Aber um Paris zu halten, mußte man sich auf das Pariser Volk, die »gemeinen Leute«, stützen. Als die Jacquerie (1358) ausbrach, wollte er sich nicht auf diese revolutionäre ländliche Bewegung einlassen und überließ sie ihrem Schicksal. Er konnte sich jedoch den Folgen seiner eigenen Position nicht entziehen und wurde, während er an eine politische Revolution dachte, die die Valois-Monarchie durch die Dynastie der Navarreser in der Person Karls des Bösen ersetzen würde, immer mehr zum Sprecher des gemeinen Volkes. Aber auch er wurde von der Reaktion der führenden Kreise hinweggefegt, die, wenn nicht von der Komplizenschaft, so doch von der Passivität der Volksklassen profitierten, die nicht geneigt waren, bis zum Schluß dem Tribun zu folgen, der nicht wirklich einer der ihren war. Auch er wurde am 31. Juli 1358 ermordet.

Der Haß der Patrizier auf die »demokratischen« Kaufleute scheint sich auf die Historiker übertragen zu haben, die oft in ihnen nichts anderes als »Agitatoren« sehen wollten. So jedenfalls wurden sie von den »reaktionären« Chronisten ihrer Epoche dargestellt. In den Augen des florentinischen Patriziers Villani war Artevelde ein verachtenswertes Individuum, »aus einem niederträchtigen Land und von gemeinem Gewerbe«, dessen Tod eine moralische Belehrung darstellte: »So sieht im allgemeinen das Ende von anmaßenden Menschen aus, die sich als Gemeindeoberhäupter aufwerfen.«

Aus Henri de Dinant, einem »demokratischen Bürger« aus Lüttich, machte der Chronist Jean de Hocsem ebenfalls einen Demagogen (»ductor populi«), und Jean d'Outremeuse sagte über ihn: »Er veranlaßte das Volk, sich gegen die Grundherren und Geistlichen zu erheben und man glaubte ihm [...]. Er war so falsch, verräterisch und mißgünstig, daß er durch den Neid, den er jedem entgegenbrachte, ein Nichtsnutz wurde.« F. Vercauteren, der seinen wahren Charakter ins rechte Licht gerückt hat, zeichnet von ihm ein Porträt, das für alle gilt, die ihm glichen:

> »Er war ein reicher Bürger, Mitglied des Patriziats, gehörte aber nicht zu den alten Geschlechtern, die in Lüttich die Macht innehatten. Er war intelligent, ehrgeizig und eloquent und wünschte, bei der Leitung der städtischen Geschäfte eine persönliche Rolle zu spielen. Er wollte das Bürgertum von der Autorität der Fürsten befreien und zu diesem Zweck die Oligarchie der Schöffen brechen. Es scheint, daß er auch versuchte, zwischen den bedeutendsten Städten des Fürstentums Lüttich ein enges Bündnis zu knüpfen, um der Politik des Fürsten eine Politik des Bürgertums entgegenzusetzen. Um seine Pläne mit Erfolg zu krönen, zog er die Volksmassen an sich; sie waren zwar noch von jeder Beteiligung an der politischen Macht ausgeschlossen, waren aber schon reif dafür. Er erkannte demnach eine elementare Bewegung, die nach einem Haupt suchte, und nutzte sie aus. Sein Eingreifen beschleunigte den Kampf zwischen dem Volk und einem Teil des Patriziats, das den Fürsten unterstützte, während ein Teil des Klerus sich neutral verhielt. Aber er wurde

> zum Gefangenen derjenigen, denen er seinen Aufstieg verdankte und ließ sich zunehmend zu einer immer gewalttätigeren und revolutionäreren Haltung verleiten, so daß die Teile des Patriziats, die ihm anfangs folgten, ihn fallen ließen, denn sein Radikalismus versetzte sie schließlich in Schrecken. War seine Bewegung anfangs politischer Natur, so wurde sie schließlich zur sozialen Bewegung; während der letzten Monate seiner Amtsführung konnte sich Henri de Dinant nicht mehr auf das Volk verlassen und galt von diesem Zeitpunkt an als Demokrat und selbst, wie Hocsem sagte, als Demagoge. Aus diesem Umstand erklärt sich die Bedeutung und die Kraft der Koalition, zu der sich der Fürst, der Adel und das Patriziat gegen ihn zusammenschlossen. Seinen Besiegern fiel es nicht schwer, der Nachwelt ein verfälschtes Bild des Tribuns zu hinterlassen, in dem er als vulgärer Agitator und Drahtzieher einer demagogischen Politik erscheint. Liest man die Lütticher Chronisten des 14. Jahrhunderts, so erkennt man den Erfolg, den diese Version hatte, und die bis ins 19. Jahrhundert anhielt.«

Gewiß kamen persönliche Rivalitäten innerhalb des Patriziats – ein Wettbewerb um Geschäfte und Ansehen – sowie persönliche Ambitionen in vielen Fällen mit ins Spiel. Oft veranlaßte ein gemeinsames Interesse die Reichen, sich auf die Seite der Armen zu stellen. Sicherlich wollten sich reiche Schlachter, wie in Paris der berühmte Simon Caboche, die revolutionäre Bewegungen in Gang setzten, des Volkes bedienen, um die soziale Mißachtung zu überwinden, in der sie, trotz ihres Vermögens, vom Rest der hohen Bourgeoisie gehalten wurden. In Metz gehörten sie mit zu »den aktivsten revolutionären Elementen«. In vielen Fällen folgten diese Überläufer jedoch nur der Stimme ihres Gewissens und ihrer Intelligenz, denn der Egoismus und die Hartherzigkeit ihrer eigenen Klasse stieß sie ab. Darüber hinaus waren sie sich einer Entwicklung bewußt, die der Halsstarrigkeit der an ihren Privilegien hängenden Patrizier zuwiderlief.

Die Aktionsgemeinschaft, die sich zum Beispiel 1280 in Tournai zusammenschloß, wo die Patrizier eine »Bruderschaft der Knappen« gründeten, ein Bund des Großbürgertums gegen das drohende Volk, konnte innerhalb des Patriziats dennoch nicht die bittersten politischen Rivalitäten verhindern, die ein Ausdruck der geschäftlichen Rivalitäten waren.

Italien ist für die Kämpfe zwischen den großen Patrizierfamilien besonders bekannt. Sie waren oft die Ursache für die Gegensätze, die Ghibellinen und Guelfen trennten, wie zum Beispiel in Genua, wo von den vier großen Familien, den vier »Stämmen«, die Fieschi und Grimaldi Guelfen waren, während die Doria und Spinola Ghibellinen waren. Zweifellos fanden die berühmtesten Kämpfe in Florenz zwischen Schwarzen und Weißen statt, wie Dante sie verewigte, so z.B. gegen Ende des 14. Jahrhunderts zwischen Alberti und Albizzi und im 15. Jahrhundert zwischen Medici und Pazzi. Der politische Sieg und der Verstoß eines Gegners waren in der Hand einer Familie ein gutes Mittel, um dessen Geschäftsgrundlage zu zerstören und sich eines Konkurrenten zu entledigen. Nachdem die Albizzi an die Macht gekommen waren, begann der Niedergang der Handelsgesellschaft der Alberti, die schließlich ganz verschwand.

Aber während der beiden letzten Jahrhunderte des Mittelalters weicht der Rivalität zwischen den großen Kaufmannsfamilien eine immer deutlicher werdende Unterstützung der neuen politischen Strukturen, in denen sie ein Bollwerk gegen den Aufstieg der Volksklassen zu sehen glaubten sowie gegen die Gefahr, die von einigen revolutionären Bewegungen ausging: Tyrannei und zentralisierte Monarchie, dort wo sie entstanden (was in Deutschland nicht der Fall war).

In Italien begünstigten die großen Kaufleute die Entstehung und Konsolidierung der Grundherrschaften. Die Rivalitäten, die diese bedrohen konnten, wenn sie von einer Familie von Kaufmannsbanquiers wie den Medici in Florenz gebildet worden waren, darf nicht über den tiefgreifenden Konsensus des großen italienischen Handelsbürgertums über die Regierungsformen hinwegtäuschen, die durch Gewalt und Demagogie die Sicherheit der Vermögen garantierten.

Die Beziehung zwischen Kaufleuten und Fürsten war dadurch gekennzeichnet, daß die großen Kaufleute schon früh begannen, bei den Fürsten und Herrschern eine politische Rolle zu spielen. Die Grundlage dazu ist offensichtlich in den finanziellen und ökonomischen Diensten zu suchen, die die Kaufmannsbanquiers den weltlichen Mächten leisteten.

Benedetto Zaccaria stellte seine Flotte und seine seemännischen Fähigkeiten in den Dienst der Könige von Frankreich und Kastilien. Er war kastilischer Admiral. Für Philipp den Schönen reorganisierte er das Arsenal von Rouen und entwarf für den Herrscher ein Schiffsbauprogramm.

Dino Rapondi, ein Kaufmann und Bankier aus Lucca, übte sich als Diplomat und »wahrer Finanzminister« der beiden Herzöge der Bretagne und Grafen Flanderns: Philipp der Kühne und Johann ohne Furcht.

Bedeutende militärische und politische Unternehmungen, welche umfangreiche Kapitalien benötigen, rückten die italienischen Kaufleute in den Vordergrund.

Erwähnen wir an erster Stelle die Kreuzzüge: Geschäftsleute aus Genua, Pisa und Venedig stellten den Kreuzfahrern Schiffe, Verpflegung und Geld zur Verfügung. Dabei verwendeten sie manchmal so fortschrittliche Mittel wie die auf das königliche Schatzamt ausgestellten Schuldscheine, mit denen die genuesischen Kaufleute den siebten Kreuzzug Ludwigs des Heiligen finanzierten. Sie gaben sich jedoch nicht mit den Gewinnen zufrieden, die ihnen aus den Verkäufen und Darlehn zuflossen, sondern sie beherrschten das ökonomische Leben der vom Abendland eroberten Gebiete. Während die Venezianer sich nach dem vierten Kreuzzug in Byzanz niederließen, verwalteten große Kaufleute wie die Embriaci für ihr genuesisches Vaterland die Kolonien von Syrien und Palästina.

Ein anderes Aktionsfeld der Kaufleute war die Eroberung des Königreichs von Neapel durch die Angeviner mit Hilfe des Papstes. Im Kampf der Päpste gegen die deutschen Kaiser rückte der Konflikt mit den Söhnen Friedrichs II. und vor allem mit seinem unehelichen Sohn Manfred, der Herr über Süditalien und Sizilien war, nach 1250 in den Vordergrund. Die Ghibellinen, die Anhänger Manfreds, triumphierten bei Siena und Florenz; die bedeutendsten Kaufmannsbanquiers dieser Städte, die mit dem Heiligen Stuhl Geschäftsbeziehungen unterhielten, emigrierten oder wurden des Landes verwiesen. Klemens IV., der aus der Champagne stammte und sich gut in internationalen Finanzoperationen auskannte, wandte sich an sie zur Finanzierung des Eroberungszuges gegen das Königreich von Neapel, den der Papst Karl von Anjou, dem Bruder Ludwigs des Heiligen, anvertraut hatte und den man als »Kreuzzug« bezeichnete. Es handelte sich um ein gewaltiges Unternehmen, mit enormen Risiken. Um die exilierten florentinischen Geschäftsleute zu einer Entscheidung zu bewegen, gab der Papst ihnen, im Austausch gegen vorgestreckte Kapitalien, als Pfand die auf den Messen der Champagne zu erhebenden Steuern für den Kreuzzug* sowie den päpstlichen Schatz, die Güter der römischen Kirche und, unter dem Druck der Notwendigkeit, die wertvollen Objekte, die Gold- und Silbervasen seiner Kapelle und seines Schatzamtes. Der Sieg der französischen Truppen und die Niederlassung der Angeviner in Neapel eröffneten den Bankiers von Karl von Anjou für mehr als ein Jahrhundert die ökonomische Herrschaft über Süditalien und Sizilien. Aus ihren Reihen wählten die angevinischen Könige ihre Hauptberater. So zum Beispiel die Acciaiuoli aus Florenz. Zu Beginn des 14. Jahrhunderts war ein Familienmitglied der Acciaiuoli Kammerherr bei König René, königlicher Vikar und Stadtoberhaupt von Prato. Sein Sohn Nikolaus hatte ein noch größeres Vermögen. Seine Talente als bedeutender Geschäftsmann, geschickter Verwalter, unvergleichlicher Diplomat wie seine körperlichen Qualitäten machten ihn zum

---

* Die Kleriker der verschiedenen Kirchen kamen auf die Messen der Champagne, um ihre Steuern für den Kreuzzug zu zahlen. (A. d. Ü.)

Günstling von Kaiserin Katherina von Courtenay und Königin Johanna I. Auf den Lehnsgütern, die er in Griechenland und Italien erhielt, führte er das blendende Leben eines großen Grundherrn; als päpstlicher Botschafter in Avignon schlüpfte er in die Rolle des »Königmachers«. Auf einer Freske von Andrea del Castagno ist uns die stolze Figur dieses großen Seneschalls des sizilianischen Königreichs erhalten geblieben.

Die Verwaltung der Finanzen des Heiligen Stuhls gab den italienischen Kaufleuten ebenfalls umfangreiche Möglichkeiten an die Hand. Als das immer enger geknüpfte Netz des päpstlichen Steuerwesens sich von Avignon aus über die Christenheit ausbreitete, fiel es den großen italienischen Bankiers, besonders den Florentinern, zu, die Kassen der Kurie mit den Steuererträgen und unterschiedlichen Taxen zu füllen; sie streckten dem Papst beträchtliche Summen vor, führten für ihn alle notwendigen finanziellen Operationen durch und verfügten in einem gewaltigen geographischen Raum über die unvergleichliche Manövermasse, die das Geld der Kirche für ihre Geschäfte darstellte.* Wie Y. Renouard gezeigt hat, waren sie als Bankiers des Papstes auch politische Ratgeber. Die Päpste von Avignon verwandelten selbst die Handelsgesellschaft der *Alberti antichi* in eine echte Nachrichtenagentur zu ihren Diensten.

Ein weiteres privilegiertes Aktionsfeld fiel den Italienern durch die Kontinentalpolitik der englischen Könige zu. Als Finanziers der englischen Unternehmungen im Hundertjährigen Krieg festigten sie bei den Herrschern in London ihre ökonomische Position und übernahmen noch militärische und politische Posten. Zweifellos wirkte sich die Höhe des Risikos zum Nachteil der unvorsichtigen Kreditgeber aus. Der Fehlschlag einer englischen Kampagne stürzte die größten florentinischen Handelsgesellschaften, wie die Peruzzi und Bardi, in den Bankrott. Noch im 15. Jahrhundert dienten die italienischen

---

* Aber am bedeutendsten waren wohl die Möglichkeiten des Kapitaltransfers.

Kaufleute in Provinzen, in denen sie keine Geschäftsinteressen hatten, wie zum Beispiel in der Guyenne, den englischen Königen als Statthalter und Admiräle.

In den Monarchien, deren Nationalcharakter mehr und mehr auf die Zentralisierung abfärbte, rückten gegen Ende des Mittelalters auch einheimische Kaufleute in den Vordergrund der politischen Szene. Ein William de La Pole (Herzog von Suffolk, 1396–1450) übte bereits Einfluß auf Eduard III. von England aus. Die eindrucksvolle Rolle, die Jacques Cœur bei Karl VII. von Frankreich spielte, ist ebenfalls bekannt.

Ob es sich um das Patriziat auf der Städte- und Gemeindeebene handelte oder um Großkapitalisten auf der Staatsebene, die Kaufmannsbanquiers untermauerten und krönten ihre ökonomische Macht während des gesamten Mittelalters mit einer politischen Macht, bei der sich Geschäftspolitik und Prestigestreben ergänzten.

Die großen Bürgerfamilien

Man trifft fast immer auf dieselben Namen. Die großen Handelshäuser identifizierten sich mit Patriziergeschlechtern, mit großen Handelsfamilien, mit dem Bankgeschäft und der Politik. Es handelte sich dabei um bürgerliche und manchmal in den Adelsstand erhobene Herrscherhäuser, wie zum Beispiel in Venedig die Ziani, Mastropiero, Soranzo und Balbi. In Siena waren es die Salimbeni, Tolomei und Buonsignori; in Florenz hießen sie Bardi, Peruzzi, Acciaiuoli, Alberti, Albizzi, Medici und Pazzi; in Genua herrschten die Fieschi, Spinola, Doria, Grimaldi, Uso di Mare, Gattilusio, Lomellini und Centurioni; in Gent die Uten Hove und van der Meire; in Douai die du Markiet, Boinebroke, Le Blond; und in Arras hießen sie Crespin, Hucquedieu, d'Yser und Stanfort.

So liegt es nahe, davon auszugehen, daß die Klasse der großen mittelalterlichen Geschäftsleute neben ihrer wirtschaftlichen und politischen Kohärenz noch eine andere Form der Kohäsion kannte, nämlich die Kontinuität der Familie.

In einer berühmten Studie* hat Henri Pirenne diese These bestritten. Nach seiner Meinung entsprach den »verschiedenen Geschichtsperioden und vor allem dem Mittelalter eine eigene Klasse von Kapitalisten. [...] Aus der Kapitalistenschicht einer bestimmten Epoche ging nicht die Kapitalistenschicht der folgenden Epoche hervor. Jede Wandlung der ökonomischen Bewegung ist durch einen Bruch gekennzeichnet. Die Kapitalisten, die ihre Aktivitäten bisher entfaltet haben, scheinen zu erkennen, daß sie unfähig sind, sich den Bedingungen anzupassen, die aus bis dahin unbekannten Bedürfnissen entstehen und den Einsatz bis dahin brachliegender Methoden erfordern. Sie ziehen sich aus dem Kampf zurück und verwandeln sich in eine Aristokratie, deren Angehörige nur noch in passiver Weise, als Geldgeber, in das Geschäftsleben eingreifen. An ihre Stelle treten neue Männer, die kühn und unternehmungslustig sich wagemutig vom Wind treiben lassen und doch wissen ihre Segel in die rechte Windrichtung auszurichten bis zu dem Augenblick, da der Wind sich wendet und ihre Manöver durcheinanderbringt. Dann geben sie ihrerseits auf und lassen einer neuen Mannschaft mit frischen Kräften und neuen Tendenzen den Vortritt.«

Dieser These ist auf verschiedene Weise widersprochen worden. Ihr fruchtbarer Vorschlag hat jedoch eine noch immer offene Debatte um das Thema »Neureiche oder reiche Erben« ins Rollen gebracht, an der sich besonders G. Espinas und J. Lestocquoy beteiligt haben.

Wir lassen hier die Frage nach dem Ursprung der Klasse der großen mittelalterlichen Kaufleute außer acht. Wie nach der Veröffentlichung von Pirennes Schrift gezeigt worden ist, nahmen an vielen Orten alte Adelsfamilien und feudale Funktionsträger, die über eine gewisse Kapitalmasse verfügten, den Handel auf. Aus ihren Reihen kamen die führenden Köpfe und

---

* »Les périodes de l'histoire sociale du capitalisme«, in: *Bulletin de l'Académie Royale de Belgique*, 1914. (A. d. Ü.)

Kreise des Handels. Pirenne lenkte die Aufmerksamkeit jedoch auf diejenigen, die dank dem demographischen Aufschwung vom 10. bis 12. Jahrhundert und der Städteentwicklung, die den Rahmen der ländlichen und militärischen Gesellschaft des Frühmittelalters gesprengt hatte, durch Handel, von ganz unten kommend, die höchsten Gesellschaftsstufen erkletterten.

In dem Moment aber, in dem diese außerordentlichen Bedingungen für eine erhöhte soziale Mobilität verschwunden waren, stabilisierte sich die Klasse der großen Kaufleute. Ab dem 13. Jahrhundert wurden jedoch die Rockefeller und Carnegie des Mittelalters seltener; ohnehin waren sie immer Ausnahmen. Nicht jeder wurde in das große Handelsbürgertum aufgenommen, außer vielleicht in England, wo die »Mobilität«, besonders in der Londoner Kaufmannsschicht, im 14. und 15. Jahrhundert sehr groß gewesen zu sein scheint.* Wie A. Sapori über Florenz sagte, fand »nur in den Klassen oberhalb des Lohnarbeiters« eine »gegenseitige Durchdringung« statt. »Die Angehörigen der allgemein als Bourgeoisie bezeichneten Klasse bildeten durch die Wiedereinführung eines auf indirekten Steuern beruhenden Steuersystems, durch die Festsetzung der Bedingungen der Handarbeit und durch die Festlegung der Entlohnung einen Block gegen die kleinen Leute.« Im 14. Jahrhundert vollzog sich – auf politischer und ideologischer Ebene – eine Trennung zwischen Kapital und Arbeit. Die zu Rentiers gewordenen Kaufleute wurden von den Arbeitern als »Müßiggänger« *(otiosi)* bezeichnet. Zwischen den Gewerben, die »auf Arbeit, beziehungsweise auf Ware« beruhten, gab es eine vollkommene Trennung. Schon ab dem Ende des 13. Jahrhunderts konnten nur diejenigen in den Lübecker Stadtrat kommen, »die ihr Geld nicht durch Handarbeit verdienen«. Und ab 1312 waren »Handarbeiter« in Nevers von städtischen Ämtern ausgeschlossen.

* Im Deutschland des 15. Jahrhunderts kann man den sozialen Aspekt nur schlecht von der Emigration der Süddeutschen gegen Norden unterscheiden.

Aber Pirennes These enthält mehrere wichtige Feststellungen: Man kann die verschiedenen Phasen der ökonomischen Entwicklung mit dem Auftreten bestimmter Familien auf der Geschäftsszene und dem Verschwinden bestimmter anderer in Verbindung setzen. Abgesehen von immer vorhandenen Ausnahmen, waren die Neuankömmlinge weder völlig unbekannt in der Welt des Handels und der Banken, noch verschwanden die Alten völlig von der Bildfläche. In Venedig entwickelten sich die Neureichen, die sich durch ihre Arbeit unter Ausnutzung des *commenda*-Systems bereicherten, bald zu immer mächtigeren Kapitalisten und bildeten die *case nuove*, die »neuen Häuser«, die neben den *case vecchie* der alten Reichen bestanden. In Flandern umfaßte das große Poorterie-Bürgertum im 14. und 15. Jahrhundert neben den Parvenus die Abkömmlinge des alten Patriziats. Das Verschwinden einiger Familien konnte von politischen Ereignissen abhängig sein, so zum Beispiel im Falle der Alberti. Es wäre falsch, die berühmten Seiten – ein schönes Stück Literatur –, die Leon Battista Alberti im 15. Jahrhundert in seiner Abhandlung *Von der Familie* dem wechselhaften Schicksal der großen Handelsfamilien widmete, die vom Gipfel der Macht in Verfall und Vergessenheit gerieten, in ein Gesetz der wirtschaftlichen und sozialen Entwicklung zu verwandeln. Interessanter ist es, jener Entwicklung zu folgen, die, sicherlich auch durch die ökonomische Konjunktur bedingt, die Kaufleute zu Rentiers werden ließ: Angesichts der Schwierigkeiten des Handels, der Verengung der Horizonte und des Verlusts bestimmter Märkte wurden die in Handels- und Bankgeschäfte eingesetzten Kapitalien abgezogen und in Immobilien und Grundbesitz investiert. Wie bereits erwähnt, trifft das auf Italien im 14. und 15. Jahrhundert zu; so war etwa die Entwicklung eines venezianischen Reiches der Terra Firma mit dem Rückzug der Kapitalisten auf Grund und Boden verbunden. F.-C. Lane hat diesen Prozeß am Beispiel des Andrea Barbarigo und seiner Nachkommen verdeutlicht: er, der sein ganzes Geld in den Handel steckte, wartete das reife Alter ab, um Grundbesitz zu kaufen. Aber die Vormünder seiner Kinder kauften mit seinem Erbe neben

Kolonialdomänen auf Kreta weitere Besitztümer in der Gegend von Treviso und Verona und investierten das Geld der Waisen mit Vorliebe in Staatsanleihen. Das war die Zeit, als Venedig durch die türkische Eroberung schwere Verluste im Orient erlitt. 1462 war nur noch ein Zehntel des Familienkapitals im Handel investiert. Als sein ältester Sohn Nicolo 1496 sein Testament aufsetzte, empfahl er seinem eigenen Sohn, kein Kapital in den Handel zu stecken, weil dieser nicht gewinnbringend sei.

Als 1457 eine Krise der Familie Popplau aus Breslau die böhmischen Märkte verschloß, zog Kaspar Popplau einen Teil seiner Kapitalien aufs Land zurück und kaufte Grundbesitz. Ebenso wie diese neue Orientierung der Kaufmannskapitalien es ermöglichte, eine alte durch eine neue, grundbesitzende Aristokratie zu ersetzen, rückte in den Städten ein Patriziat von Parvenus, dank neuer Inventionsformen, an die Stelle des alten. In Lübeck kauften die *homines novi* Renten; ihre Schuldner gehörten im wesentlichen den alten Geschlechtern an, die auf Gedeih und Verderb von ihren Gläubigern abhängig wurden. Schon am Ende des 13. Jahrhunderts investierte die Witwe von Bertrand Mornewech, »des ersten und glücklichsten Vertreters des neuen Kaufmannstyps«, zwischen 1286 und 1300 auf diese Weise 14500 Lübecker Mark.

Obwohl die Wirtschaft diese Entwicklung förderte und beschleunigte, ist sie doch nicht allein dadurch zu erklären. Die natürliche Lebenskurve führt den Kaufmann unserer Zeit vom Handel zum Besitz von Immobilien und Grundstücken. In der Jugend die Reisen, im reifen Alter die seßhaften Geschäfte, im Alter ein halber Ruhestand auf dem Landgut. Mehr noch als eine Altersfrage ist das eine Generationenfrage. Selbst wenn er am Anfang über ein gewisses Vermögen verfügte, widmete der Vater, als Gründer des Unternehmens, sein gesamtes Leben dem Unternehmen, seine Zeit, seinen Eifer und sein Geld. Die im Wohlstand erzogenen Söhne und Enkelkinder, denen ihre Erziehung zugleich den Geschmack an Kultur und das Gefühl für Kunst vermittelt hatte, widmeten den Geschäften weniger Zeit als dem persönlichen Konsum: sie waren auf geistige und weniger geistige Freuden aus. Nach der Raffgier der Genuß. Nach den Kaufleuten, die nur Kaufleute waren, die Kaufmannskünstler. In den *Buddenbrooks* wird diese Entwicklung von Thomas Mann am Beispiel der alten Hansestadt Lübeck für die Neuzeit nachgezeichnet. Im Mittelalter kam diese Entwicklung häufig vor. Die Medici liefern uns hierfür das wohl bekannteste Beispiel: Das Geld, das von Cosimo bis Lorenzo der florentinischen Renaissance zugute kam, fehlte in den Geschäften des Familienunternehmens.

Wenn es daher gerechtfertigt erscheint, Nuancen aufzuzeigen, und gegenüber dem »Begriff einer Bürgerklasse, die zu jeder Epoche einen Block bildete«, Mißtrauen angebracht ist, so bleibt dennoch wahr, daß die Klasse der großen bürgerlichen Kaufleute, bei aller Erneuerung und Unstetigkeit, im Mittelalter eine bemerkenswerte Einheit aufwies, die nicht nur aus ökonomischen Kontinuitäten bestand, sondern auch, innerhalb der großen Handels- und Bankiersfamilien, aus menschlichen Banden.

III. DIE RELIGIÖSE UND MORALISCHE EINSTELLUNG

1. Die Kirche und die Kaufleute: die Theorie

Es ist oft behauptet worden, daß der mittelalterliche Kaufmann durch die Haltung der Kirche in seiner beruflichen Betätigung behindert und in seiner sozialen Umgebung herabgesetzt wurde. Da die Kirche schon die bloße Ausübung seines Berufs verdammte, soll er eine Art von Paria der christlich-mittelalterlichen Gesellschaft gewesen sein.

Die Verdammung

Tatsächlich scheinen einige Texte einen regelrechten Bann über den Kaufmann zu verhängen. Diese ganze Verachtung ist in einem berühmten Satz zusammengefaßt, der aus einem Zusatz zum Lehrbuch des Gratian stammt, diesem Monument des kanonischen Rechts aus dem 12. Jahrhundert: *Homo mercator nunquam aut vix potest Deo placere*, »der Kaufmann kann Gott nicht gefallen oder nur mit Mühe«. Die Kirchendokumente – Beichtbücher, Synodalstatuten, Beichtspiegel –, die Listen verbotener Berufe, »illicita negocia«, oder entehrender Gewerbe, »inhonesta mercimonia«, zählen fast immer auch den Handel auf. Geben wir den Satz aus einem Dekretalen von Papst Leo dem Großen wieder – der manchmal Gregor dem Großen zugeschrieben wird – und der besagt, daß »es schwer ist, von Sünde freizubleiben, wenn man von Berufs wegen kauft und verkauft.« Der Heilige Thomas von Aquin betont, daß »der Handel an sich einen gewissen schamhaften Charakter hat« – *quamdam turpitudinem habet*. Es scheint also, daß die Kirche den Kaufmann zusammen mit Prostituierten, Jongleuren, Köchen, Soldaten, Fleischern, Wirten sowie Advokaten, Notaren, Richtern, Ärzten und Chirurgen usw. ablehnte.

Die Motive

Aus welchen Gründen erfolgte diese Verdammung? An erster Stelle störte das Ziel des Handels: das Gewinnstreben, die Geldgier, das *lucrum*. Der Hl. Thomas erklärt, daß der Handel »zurecht getadelt wird, weil er die Gewinnsucht befriedigt, die sich über alle Grenzen hinweg ins Unendliche erstreckt«. In der mittelalterlichen Literatur und Kunst wird uns der gewinnsüchtige Kaufmann als jemand vorgestellt, der durch seine Raffgier gegen die christliche Moral verstieß und von Gott und der Kirche gegeißelt wurde. Es gibt das Vaterunser des Wucherers, der beim Gebet nicht umhin kann, an seine Geschäfte und seine Heller zu denken, und das Credo des Wucherers, dessen sterbender Held, ein wahrhaft mittelalterlicher Grandet,* sich nicht damit bescheidet, in sein letztes Gebet Anspielungen auf sein Geld einzuflechten, sondern es auch vor sich aufhäufen läßt und nach seinem Gebet darum bittet, daß man ihm seinen größten Geldsack ins Grab legt:

»Dann dreht er sich um und beißt die Zähne zusammen
Seine Seele entweicht seinem Körper
Und sobald sie entwichen ist
Tragen die Teufel ihn
In die ewige Hölle, Amen.«

Im Höllenkreis, wo die Liebhaber des Reichtums hausen, finden wir zwischen ihrem Geld und den Teufeln, die sie umgeben – wie zum Beispiel auf den Fresken von Taddeo di Bartolo in der

---

*Anspielung auf den Roman *Eugénie Grandet* von Balzac (1833). In diesem Roman sammelt der eiskalte Vater Grandet durch geschickte Spekulationen während der Revolution ein sagenhaftes Vermögen an. (A. d. Ü.)

Stiftskirche von *San Gimignano* –, den Kaufmann unter den Verdammten wieder. Die erste Ursache ihrer Verdammung bestand also darin, daß sie aufgrund des von ihnen verfolgten Ziels – Gewinn, Reichtum – fast unausweichlich eine der Kapitalsünden begingen: die *avaritia*, d.h. die Habsucht.

Der Wucher

Genauer betrachtet, zwang ihr Beruf den Kaufmann und Bankier zu Handlungen, die die Kirche verdammte, also zu rechtswidrigen Operationen, die meistens unter die Bezeichnung Wucher* fielen.

Die Kirche verstand unter Wucher jede Operation, die Zinszahlungen einschloß. Dadurch war der Kredit als Basis des Großhandels und des Bankwesens verboten. Aufgrund dieser Definition war jeder Kaufmannsbanquier praktisch ein Wucherer.

Die Kirche führte zahlreiche Gründe für die Verdammung des Wuchers an. An erster Stelle stand – und das war für sie ein entscheidendes Argument – die Heilige Schrift. Zwei Textstellen genossen besondere Autorität: die eine stammt aus dem Alten, die andere aus dem Neuen Testament. Der erste Text, ein Auszug aus Deuteronomium (23, 19–20 – der übrigens einen Text aus Exodus 22, 25 und einen weiteren aus Leviticus 25, 35–37 vervollständigt) besagt:

> »Von deinem Stammesbruder darfst du keinen Zins annehmen, weder Zins für Geld noch Zins für Speisen, überhaupt keinen Zins für etwas, was man verzinsen kann.«

Die Worte aus dem Neuen Testament sind Jesus selbst in den Mund gelegt, der zu seinen Jüngern sagt:

---

* Siehe dazu ausführlich die Schrift von Jacques Le Goff, *Wucherzins und Höllenqualen. Ökonomie und Religion im Mittelalter*, Stuttgart 1988. (A. d. Ü.)

»Wenn ihr denen leiht, von denen ihr hofft, es wieder zu bekommen, was für ein Dank steht euch zu? Auch die Sünder leihen Sündern, um Gleiches wiederzuerhalten [...] leiht, ohne etwas zurückzuerhoffen, und euer Lohn wird groß sein [...].« (Lukas 6, 34–35)

Die Kirchenväter verwenden auch eine Reihe von Motiven, die der natürlichen Moral entlehnt sind. Davon sind zwei von besonderem Interesse. Zunächst leistet der Geldgeber keine wirkliche Arbeit, weder produziert er, noch verwandelt er einen Rohstoff oder einen Gegenstand, vielmehr beutet er die Arbeit eines anderen, des Geldleihers, aus. Aber die Kirche, deren Lehrmeinung im ländlichen und handwerklichen Milieu der Juden entstanden war, erkannte nur diese schöpferische Arbeit als legitime Quelle von Gewinn und Reichtum an. Und das galt um so mehr, als durch den Aufstieg der städtischen Klassen im Abendland zwischen dem 10. und 13. Jahrhundert der Arbeiter, in diesem traditionellen Sinne, wieder in den gesellschaftlichen Vordergrund rückte. Dazu zählten auch die ersten christlichen Kaufleute, die eine fahrende Tätigkeit betrieben.

Darüber hinaus hatten die Kanonisten und Theologen Mühe zuzugeben, daß aus Geld Geld werden kann und daß auch die Zeit – die Zeit, die konkret zwischen der Darlehnsvergabe und seiner Rückgabe verfließt – Geld erzeugen kann. Die erste Betrachtung dazu, die zu dem berühmten Sprichwort, *Nummus non parit nummos*, »Geld pflanzt sich nicht fort« führte, stammte von Aristoteles und verbreitete sich im 13. Jahrhundert mit den Werken und Ideen des Philosophen.

In der Folge des Stagiriten behaupteten Thomas von Aquin und Gilbert von Lessines, daß Geld dazu dienen sollte, den Warentausch zu fördern, und daß es eine widernatürliche Operation sei, es anzuhäufen und für sich arbeiten zu lassen. »Anstatt die lebensnotwendigen Güter weiterzugeben, häuft man geizig Geld an«, schreibt Gilbert von Lessines. Dieses Beispiel zeigt sehr gut den aristotelischen Einfluß auf das christliche Denken im Mittelalter. Einerseits war es ein Anreiz und eine Stütze in der Entwicklung eines neuen Denkens, das sich den veränderten Bedingungen der Ökonomie anpassen wollte. Die Geldtheorie, als Instrument des Warenumlaufs, war ein unleugbarer Fortschritt gegenüber der von den Menschen des Frühmittelalters betriebenen Hortung, die dem Ideal einer geschlossenen Wirtschaft verpflichtet war. Aber durch die bloße Anerkennung einer neuen Autorität entstanden auch neue Schwierigkeiten, Hindernisse und Mißverständnisse. Denn die Geldtheorie, die den Wert des Kredits leugnete, provozierte eine Trennung zwischen dem christlichen Denken und der ökonomischen Entwicklung.

Vielleicht wog noch schwerer die christliche Auffassung von Zeit, denn sie brachte noch komplexere und grundlegendere mentale Strukturen ins Spiel. Beim Hl. Thomas und bei anderen Theologen und Kanonisten findet man das Argument, daß durch die Zinspraxis »die Zeit verkauft wird«. Aber die Zeit kann nicht der Besitz von Einzelnen sein, sondern gehört allein Gott. So erwies sich das christliche Denken als unfähig, angemessene ökonomische Auffassungen zu entwickeln, da es sich nicht von seinem engen theologisch-moralischen Rahmen freimachen konnte, wie groß auch die Denkanstrengungen der Gelehrten und Juristen des 13. Jahrhunderts sein mochten. Seinerseits gelang es auch dem Kaufmann nicht, seine ökonomischen Überzeugungen, die das moralische Fundament seiner Tätigkeit darstellten, in eine klare Auffassung und Formulierung zu kleiden, aber das war auch nicht seine Aufgabe. Sie kommen in seinen Operationen zum Ausdruck: wie der eine die Bewegung durch Laufen demonstriert, so demonstriert er den Kredit durch Handel.

Christliche Kaufleute und Ungläubige

Die mittelalterlichen Kaufleute hatten sich auch in einem ganz anderen Zusammenhang einen besonderen Tadel von Seiten der Kirche zugezogen: im Kampf gegen die Ungläubigen. Schon seit dem Frühmittelalter hatten die Kaufleute der ersten großen italienischen Handelszentren – Neapel, Amalfi, Venedig –, deren Handel mit den Moslems einen Großteil ihrer Aktivitäten darstellte, im Kampf zwischen Christen und Ungläubigen manchmal Partei für die Ungläubigen ergriffen und den Bannstrahl des Papstes auf sich gezogen. Diese Probleme spitzten sich zur Zeit der Kreuzzüge weiter zu, als die Kirche sich rückhaltlos in den Kampf gegen den Islam stürzte – und zwar zu einer Zeit, als die Geschäftskontakte mit den Arabern für die großen abendländischen Kaufleute durch die Entwicklung des internationalen Handels fast unentbehrlich geworden waren. Venedig nahm nur halbherzig am ersten Kreuzzug teil, und nur, um seinen Anteil an der Beute zu sichern, als die Expedition bereits fortgeschritten war. Venedig versuchte anscheinend immer, den Kreuzzug nach Byzanz umzulenken, was bekanntlich während des vierten Kreuzzugs auch gelang. Die für die Kreuzzüge geltenden Gesetze verboten den Handel mit dem Feind und verhängten ein Embargo über strategisch wichtige Produkte, besonders Holz, Eisen, Waffen und Schiffe. Allgemein verhängte die Kirche ein Dauerverbot über den Verkauf von Sklaven an den Islam, der einen der bedeutendsten Märkte für die christlichen Kaufleute im Mittelalter darstellte. Aber selbst zur Zeit der Kreuzzüge hörte der Warentausch nicht auf. Ein Briefwechsel zwischen moslemischen Kaufleuten aus Tunis und einem christlichen Kaufmann aus Pisa zeugt, wie andere Dokumente auch, von den ausgezeichneten Beziehungen, die zwischen ungläubigen und christlichen Geschäftsleuten herrschten. Man hat sie als »Solidarität zwischen moslemischen und christlichen Kaufleuten« bezeichnet. Als Beispiel sollen die ersten Zeilen aus einem dieser Briefe zitiert werden:

»Im Namen des gnädigen und barmherzigen Gottes
An den edlen und vornehmen ›Scheich‹, den tugendhaften und ehrenwerten Pace, Pisan; daß Gott ihn beschütze, seine Seele rette und ihm bei der Verwirklichung des Guten helfe und unterstütze! Hilal ibn Khalifat-al-Jamunsi, Ihr ergebener Freund, der Ihnen Gutes wünscht, übermittelt Ihnen, der auf den Pfaden der

Tugend wandelt, seine Grüße, sowie die Barmherzigkeit und den Segen Gottes.«
Der Brief wird von zahlreichen »mein teuerster Freund, mein teuerster Pace« unterbrochen.

2. Die Kirche und die Kaufleute: die Praxis

Dieses Beispiel verdeutlicht die Kluft zwischen der Wirklichkeit und der Kirchendoktrin, und in der Tat sahen die Beziehungen zwischen Kirche und Kaufleuten in der Praxis ganz anders aus, als die gerade umrissene Theorie es vorschrieb.

Der Schutz der Kaufleute

Schon sehr früh bot die Kirche den Kaufleuten Schutz. 1074 befahl Papst Gregor VII. dem französischen König Philipp I., die Waren zurückzugeben, die er von italienischen Kaufleuten, die in sein Reich gekommen waren, hatte konfiszieren lassen. Für den Fall der Verweigerung drohte er dem König sogar mit Exkommunikation. Man hat dieses Dekret als »den Beginn einer langen Serie von Dokumenten der gleichen Art« bezeichnet. Noch 1263 ließ der Bischof von Dinant eine Halle »zum Gewinn und Nutzen von jedermann und besonders der Kaufleute« bauen. Unter den Personen, die vom Fasten oder der Einhaltung der Sonntagsruhe befreit werden konnten, zitieren die Handbücher der Beichtväter die Kaufleute und geben als Begründung an, daß entweder ihre Geschäfte keinen Aufschub dulden oder daß die durch ihre Reisen bedingte Ermüdung ihnen Entbehrungen beschwerlich mache. Die Bemühungen der Kirche, die Privatkriege, die Kämpfe zwischen den christlichen Fürsten, zu beenden, sowie die ganze Bewegung hin zur Durchsetzung des »Gottesfriedens« konnten der Tätigkeit der Kaufleute nur günstig sein; dieses Ziel kam manchmal klar zum Ausdruck. So forderte der 22. Kanon des Laterankonzils von 1179 zur Regelung des Gottesfriedens Sicherheit für »Priester, Mönche, Kleriker, Laienbrüder, Pilger, Kaufleute, Bauern und Lasttiere«. Wie J. Lestocquoy erkannt hat, war darin in den Augen der Kirche »eine Art von Berufshierarchie« zu sehen. Die Kaufleute waren zwischen Klerikern und Bauern gut aufgehoben.

Schon sehr früh zeigte sich, daß die Kaufleute als gute Christen betrachtet wurden, die fest in christlichen Kreisen verankert waren und von der Kirche nicht abgewiesen, sondern aufgenommen wurden. In Arras stand eine Gruppe von reichen Kaufleuten in engen Beziehungen mit der Abtei von Saint-Vaast. Familienmitglieder der Hucquedieu waren »Männer von Saint-Vaast«. Jean Bretel, der auf den Märkten der Champagne Handel trieb, war Funktionsträger der Abtei. Weiter unten werden wir die Beziehungen betrachten, die Kirche und reiche Kaufleute im Mittelalter verbanden.

Die Machtlosigkeit der Kirche gegenüber den Kaufleuten

Das Studium der Quellen und ein kurzer Blick auf die mittelalterliche Wirtschaftsgeschichte zeigen vielleicht am deutlichsten, in welchem Grad die Kirche gegenüber den Kaufleuten machtlos war und wie wenig Mittel sie besaß, ihrer ökonomischen Lehrmeinung Respekt zu verschaffen.

Zweifellos beschloß die Kirche gegen den Wucher, der als Todsünde und Quelle unerlaubten Reichtums galt und theoretisch nicht für wohltätige Zwecke verwendbar war, eine ganze Reihe von Sanktionen. An erster Stelle spirituelle Strafen: Exkommunikation und Verweigerung eines christlichen Begräbnisses; sodann weltliche Strafen: die Verpflichtung, unerlaubte Gewinne zurückzuzahlen; die Enthebung gewisser Zivilrechte, zum Beispiel die Ungültigkeit von Testamenten der Kaufleute, solange sie ihre Sünden im ökonomischen Bereich nicht wiedergutgemacht hatten. Ohne Zweifel versuchte die Kirche in einigen Fällen, die Gesetze anzuwenden. So ist der Fall der fünfzehn Wucherer aus Pistoia bekannt, die am Ende des 13. Jahrhunderts vor das bischöfliche Gericht gestellt wurden.

Aber die in den Prozeßakten angesprochene Tatsache, daß einige von ihnen seit zwanzig Jahren vor aller Augen Wucher betrieben, verdeutlicht, daß die Kirche nur ausnahmsweise zum Bann griff. Manchmal ging es darum, Geistlichen oder mit der Kirche verbundenen Personen, die mit Kaufleuten in Konflikt standen, Genugtuung zu verschaffen: erwähnt sei zum Beispiel das päpstliche Eingreifen 1228 zugunsten von Robert von Béthune, einem Anwalt aus Saint-Vaast-d'Arras, der das Opfer der Machenschaften mehrerer bedeutender Geschäftsleute aus Arras geworden war. Meistens drückte die Kirche beide Augen zu, zumal die Kaufleute und Bankiers schnell Mittel und Wege fanden, die kirchlichen Verbote zu umgehen und den Wucher durch Verschleierung der Zinsen zu bemänteln. Wurden die Verbote im buchstäblichen Sinne respektiert, dann akzeptierte die Kirche bereitwilliger, daß ihr Geist verraten wurde. Die vom Kreditnehmer gezahlten Zinsen wurden bald als freiwillige Spende dargestellt, bald nahmen sie die Form einer Geldstrafe an, die beim Ablauf der Rückzahlungsfrist gezahlt wurde, die selbst absichtlich auf ein vorgezogenes Datum festgelegt war. Es handelte sich um eine jährlich gezahlte, pauschale Geldstrafe, für die die Lombarden im Gegenzug eine Genehmigung erhielten, theoretisch verbotene Operationen durchzuführen. Manchmal war der Wucher so stark verschleiert, daß er nur sehr schwer auszumachen war, wie zum Beispiel im Falle des trockenen Wechsels*, der anhand eines fiktiven Wechselgeschäfts praktiziert wurde, das Wechseloperationen aufführte, die nicht wirklich stattgefunden hatten.

Die kirchliche Rechtfertigung des Kaufmanns

Da sie in der Praxis machtlos war, griff die Kirche auf eine mehr oder weniger tolerante Theorie zurück, ließ nach und nach Abweichungen zu und fand eine Rechtfertigung für die zuneh-

* Bei dem der Aussteller zugleich der Zahlung Leistende ist. (A. d. Ü.)

menden und wichtiger werdenden Ausnahmen. Die Motive für die Zugeständnisse, die auf der juristischen Auslegung der Kanonisten und Theologen des 13. Jahrhunderts beruhten, sind für die Untersuchung von besonderem Interesse, denn sie zeigen, wie es der Kirche gelang, die von den Kaufleuten auf der ökonomischen und politischen Ebene eroberte Position in der mittelalterlichen Gesellschaft annehmbar zu machen.

An erster Stelle steht die Betrachtung der Risiken, die der Kaufmann auf sich nimmt. Sie treten zutage, wenn der Kaufmann einen wirklichen Schaden erleidet, *damnum emergens*. Wenn er zum Beispiel bei der Rückzahlung einen Verzug hinnehmen mußte, dann muß er in diesem Fall einen Ausgleich erhalten, was sich schon bald nicht mehr unter dem Begriff »Geldstrafe« zu verbergen braucht, sondern offen »Zins« genannt werden kann. Auf der anderen Seite entgeht dem Geldgeber ein möglicher, sogar wahrscheinlicher Gewinn, wenn er mit seinen Darlehn Geld festlegt, das ihm an anderer Stelle hätte dienen können. Schon am Ende des 12. Jahrhunderts genehmigte ein Dekretale Alexanders III. zur Regelung des Verkaufs auf Kredit aufgrund des *lucrum cessans* den Empfang einer Entschädigung. Allgemein geht der Geldgeber immer ein Risiko ein: Zahlungsunfähigkeit oder Unehrlichkeit des Kreditnehmers sowie, ab Ende des 13. Jahrhunderts, die Gefahr, daß das verliehene Geld zum Zeitpunkt der Rückzahlung entweder als Folge eines Kurswechsels oder aufgrund des schwankenden Geldpreises an Wert eingebüßt hat. In dem Maße, in dem man immer besser die ökonomischen und monetären Mechanismen begriff, stellte dieses Risiko, *periculum sortis*, das immer stärker in Betracht gezogen wurde, die Grundlage der Kirchenlehre über Handel und Bankgeschäfte dar. Es reicht aus, daß der Ausgang einer Operation zweifelhaft ist – *ratio incertitudinis* – damit die Kirche anerkennt, daß darin vielleicht das Wesen der kaufmännischen Betätigung besteht und damit die Zinsnahme gerechtfertigt erscheint. Kasuistische Geschicklichkeit führte dann zu Formulierungen wie der folgenden von Gilbert von Lessines, demzufolge »Zweifel und Risiko nicht die Gewinnsucht verdecken können, d.h. sie vermögen nicht den Wucher zu entschuldigen«, wenn jedoch »Ungewißheit ohne Kalkül vorliegt [...] dann entsprechen Zweifel und Risiko der Unparteilichkeit des Gesetzes.« Eine ganze Reihe von Dingen wurden dadurch zugelassen: Sozietätsverträge, Geldwechsel und besonders Operationen, die zum Gebrauch des Wechsels führten – mit Ausnahme des trockenen Wechsels –, Handel mit konstituierten Renten, d.h. auf Liegenschaften beruhende Renten und Zinsen für öffentliche Anleihen.

Ein weiterer Fortschritt in dem Prozeß, durch den die Kirche den Kaufmann rechtfertigte, stellte schließlich die Einbeziehung der Mühen des Kaufmanns dar, d.h. der Arbeit, die er leistete und für die er eine Entlohnung erhalten mußte, *stipendium laboris*. Man stößt hier auf die Kirchenlehre über die Verbindung von Arbeit und Lohn, die das Ergebnis der christlichen Reflexion über die soziale Bewegung vom 10. bis zum 13. Jahrhundert war und zu einer Gesellschaft führte, die auf Arbeitsteilung beruhte. Die Anwendung dieser Theorie auf den Kaufmann war noch einfach zu Zeiten, als der typische Kaufmann ein Reisender und Umherziehender war, der sich allen oben angesprochenen Gefahren aussetzte. Der seßhafte kapitalistische Kaufmann entsprach diesen Kategorien kaum noch. Sicher konnten seine Bemühungen um den Aufbau der Firma und seine Sorgen bei der Leitung der Geschäfte als »Arbeit« angesehen werden. Er wurde jedoch eher aufgrund der Dienste, die er der Gesellschaft durch den Gebrauch seines Geldes, seiner Organisation und seiner Methoden leistete, mit einem Arbeiter verglichen.

Tatsächlich wurde die Entwicklung der Kirchenlehre von den Begriffen der Nützlichkeit und Notwendigkeit der Kaufleute gekrönt und verlieh ihnen endgültiges Bürgerrecht in der mittelalterlichen, christlichen Gesellschaft. Schon früh unterstrich man die Nützlichkeit der Kaufleute, denn sie brachten aus der Ferne notwendige oder angenehme Waren mit sowie Nahrungsmittel und im Abendland nicht hergestellte Gegenstände und stellten durch den Verkauf dieser Waren auf den Märkten den unterschiedlichen Gesellschaftsklassen die Dinge zur Verfügung, die sie brauchten. Der Autor des *Dit des marchands*, Gilles le Muisit, spricht wie folgt:

... C'on doit les marchéanz
Deseur toute gent honorer;
Quar il vont par terre et par mer
Et en maint estrange pais
Por querre laine et vair et gris.
Les autres revont outre mer
Por avoir de pois achater,
Poivre, ou canele, ou garingal.
Diex gart toz marchéanz de mal
Que nous en amendons sovent.
Saint Yglise premièrement
Fu par Marchéanz establie
Et sachiez que Chevalerie
Doivent Marchéanz tenir chiers
Qu'ils amainent les bons destriers
A Laingni, à Bar, à Provins
Si i a marchéanz de vins,
De blà, de sel et de harenc,
Et de soie, et d'or et d'argent,
Et de pierres qui bones sont
Marchéanz vont par tout le mont
Diverses choses achater.

(Man muß die Kaufleute mehr
als andere Leute ehren,
Denn sie fahren über Land und Meer
und in viele fremde Länder,
um Wolle und Felle zu holen.
Andere fahren in Übersee, um kostbare,
abgewogene Waren zu kaufen
Pfeffer oder indisches Garingal.
Gott beschütze alle Kaufleute vor Übel,
das wir oft wiedergutmachen müssen.
An erster Stelle wurde die Heilige Kirche
von den Kaufleuten gegründet

bedenken Sie auch, daß die Ritter
die Kaufleute schätzen müssen,
die gute Schlachtrosse bringen
nach Lagny, Bar, Provins.
Es gibt auch Kaufleute, die andere
Waren verkaufen: Wein,
Weizen, Salz und Heringe,
Seide, Gold und Silber,
und Edelsteine.
Die Kaufleute durchqueren die Welt, um
die unterschiedlichsten Dinge zu kaufen.)

Gegen Ende des 13. und zu Beginn des 14. Jahrhunderts wurden diese Überlegungen durch zwei Begriffe auf einzigartige Weise verstärkt. Der erste Begriff bildete sich nach der Einführung antiken Gedankenguts und römischen Rechts in die christliche Theologie und das kanonische Recht heraus. Christliche Autoren wandten den Gedanken des »Gemeinwohls« und der »Gemeinnützlichkeit«, der zum Beispiel bei Aristoteles so wichtig ist, auf die Aktivität der Kaufleute an. Diese Gedanken mit dem Begriff der Arbeit verbindend, schreibt der Heilige Thomas: »Wenn man den Handel im Hinblick auf die Gemeinnützlichkeit treibt, wenn man verhindern will, daß lebensnotwendige Dinge fehlen, dann wird der Gewinn, anstatt als Zweck betrachtet zu werden, lediglich als eine Entlohnung der Arbeit beansprucht.« Ähnlich schreiben Guillaume Durand und Burchard von Straßburg: »Die Kaufleute arbeiten zum Nutzen aller und leisten ein gemeinnütziges Werk, wenn sie die Waren von Markt zu Markt tragen.«

Der zweite Begriff rührte aus der Erkenntnis der gegenseitigen ökonomischen Abhängigkeit der Staaten und Nationen. Diese Entwicklung war bedeutend. Vom autarkischen Denken des Frühmittelalters, das das Bedürfnis nach internationalem Warenhandel als einen Defekt, einen ökonomischen Fehler ansah, ging man zum Glauben an die Notwendigkeit und Nützlichkeit des internationalen Warenhandels über. Es war die

Entdeckung des späteren Grundprinzips des Freihandels, des liberalen Kapitalismus. Darin liegt ein weiterer Grund, die kommerzielle Revolution des 13. Jahrhunderts mit derjenigen des 19. Jahrhunderts zu vergleichen.

Dieser Begriff war zu Beginn des 13. Jahrhunderts schon bei Thomas von Cobham umrissen, der in seinem *Beichthandbuch* schreibt: »In vielen Ländern würde große Not herrschen, wenn die Kaufleute nicht den Überfluß aus einer Gegend in eine andere Gegend brächten, wo Mangel herrscht. Zurecht erhalten sie den Preis ihrer Arbeit.«

Der vollkommenste Ausdruck dieses Gedankens findet sich zu Beginn des 14. Jahrhunderts in den Versen eines Domherrn aus Tournai, Gilles le Muisit. In seinem Gedicht *C'est des marchands* erklärt dieser:

Nul pays ne se poet de li seus gouvrener
Pour chou vont marchéant travillier et pener
Chou qui faut ès pays, en tous règnes mener;
Se ne les doit-on mie sans raison fourmener.

Chou que marchéant vont delà mer, dechà mer
Pour pourvir les pays, che les font entr'amer;
Pour riens ne se feroient boin marchéant blasmer,
Mais ils se font amer, loyal et bon clamer.

Charités et amours par les pays nouriscent;
Pour chou doit-on moult goïr s'il enriskiscent.
C'est pités, quant en tière boin marchéant povriscent
Or en ait Dieus les âmes quant dou siècle partiscent!

(Kein Land kann sich selbst genügen;
deshalb plagen und mühen sich die Kaufleute,
um in alle Länder das zu bringen, was fehlt;
man darf sie deshalb nie grundlos schlecht behandeln.

Weil die Kaufleute über alle Meere fahren,
um die Länder zu versorgen, sind sie beliebt;
Man darf gute Kaufleute nie tadeln,
sie machen sich beliebt und gelten als gut und loyal.

Sie fördern in den Ländern Wohlfahrt und Liebe;
so daß man sich über ihren Reichtum freuen sollte.
Es ist traurig, wenn auf Erden gute Kaufleute verarmen
Gott nehme ihre Seelen auf, wenn sie das Zeitliche segnen.)

So wird der große internationale Handel fortan eine von Gott gewollte Notwendigkeit. Er wird Teil der Vorsehung, wie gleichzeitig der Kaufmann der von der Vorsehung gesandte Wohltäter wird, der durch seine Tätigkeit eine Stütze der Gesellschaft ist.

Der Gedanke wurde im 15. Jahrhundert nachdrücklich im Handbuch des Benedetto Cotrugli aus Ragusa, *Der Handel und der ideale Kaufmann*, unterstrichen.

»Die Würde und das Handwerk des Kaufmanns sind in vieler Hinsicht groß [...] An erster Stelle aufgrund des Gemeinwohls, denn nach Cicero ist die Förderung des Gemeinwohls ein ehrenwertes Ziel, für das man selbst sein Leben opfern sollte [...] Der Fortschritt, das Gemeinwohl und der Wohlstand der Staaten beruhen zu einem großen Teil auf den Kaufleuten; wir reden hier natürlich nicht von den kleinen und vulgären Händlern, sondern von den glorreichen Kaufleuten, denen mein Buch ein Loblied singen will [...] Dank dem Handel – Zierde und Motor der Staaten – werden die fruchtlosen Länder mit Nahrung, Waren und eigenartigen Produkten, die von auswärts kommen, versorgt [...] Die Kaufleute bringen auch reichlich Devisen, Juwelen, Gold, Silber und alle Arten von Metallen [...] Die Arbeit der Kaufleute ist zum Wohle der Menschheit eingerichtet.«

3. Die Mentalität des Kaufmanns

Auf diese Weise gerechtfertigt und selbst gepriesen, konnte der mittelalterliche Kaufmann seinem Genie freien Lauf lassen. Seine Ziele hießen Reichtum, Geschäfte und Ruhm.

Das Geld

Die Liebe zum Geld war seine größte Leidenschaft. Nach Cotrugli »muß der Kaufmann sich selbst und seine Geschäfte nach einem rationalen Plan lenken, um sein Ziel – den Reichtum – zu erreichen.«

Alle Kaufleute, für die sich die Mediävisten interessiert haben, teilten diese Leidenschaft für das Geld, angefangen bei den Bankiers von Arras, von denen Adam de La Halle im 13. Jahrhundert sagte, daß »sie zu sehr das Geld lieben«, und den Florentinern, die Dante als Bürger voll von »Stolz, Neid und Habsucht« beschrieb*, in Florins vernarrt, diese »giftigen Liliengulden, die Schaf und Lamm verlockt von ihren Triften«, bis zu den Kaufleuten aus Toulouse und Rouen im 15. Jahrhundert. Alle hätten dem florentinischen Kaufmann aus dem 14. Jahrhundert zugestimmt, der behauptete: »Deine Hilfe, Dein Schutz, Deine Ehre, Dein Gewinn ist das Geld.« M. Mollat, der die großen normannischen Kaufleute des Spätmittelalters untersucht hat, bezeichnete das Geld zu Recht als das »Fundament der Gesellschaft.«

Der gesellschaftliche Einfluß

Um Geld anzuhäufen, brauchte man eine Leidenschaft für die Geschäfte, den richtigen Riecher, um das Kapital arbeiten zu lassen, und Initiative. In seinem *Buch der Gebräuche* empfahl der Florentiner Paolo di Messer Pace da Certaldo folgendes:

»Wenn Sie Geld haben, seien Sie nicht untätig; halten Sie es nicht unfruchtbar zu Hause, denn es ist besser damit zu arbeiten, selbst wenn es keinen Gewinn bringt, als untätig zu bleiben und auch keinen Gewinn daraus zu ziehen.«

Und selbst wenn man wenig oder kaum Geld besitzt, besteht

* Dante, *Göttliche Komödie*, Die Hölle, VI. Gesang, 74; Paradies, IX. Gesang, 130–2 (A. d. Ü.)

immer noch die Möglichkeit, ein Vermögen zu machen, wie Cotrugli lehrt, der ebenfalls rät, sich nicht von Schicksalsschlägen entmutigen zu lassen:

»Ich habe große Persönlichkeiten gesehen, die sich nach dem Ruin nicht zu schade waren, Fuhrleuten Pferde zu verleihen, Makler und Gastwirte oder irgend etwas anderes zu werden. Und ich habe welche gesehen, die innerhalb kurzer Zeit wieder 10 000 Dukaten reich wurden; ihren Namen nenne ich nicht, denn ich will sie nicht eitel machen oder sie in ihrem Stolz verletzen. Man weiß von den Genuesern und Katalanen, daß sie Piraten werden, wenn sie durch irgendein Mißgeschick oder durch Pech ruiniert werden; die Florentiner werden Makler oder Handwerker und ziehen sich dank ihrer Geschicklichkeit aus der Schlinge [...].«

Die Würde

Und die Kaufleute haben Grund, stolz zu sein. So heißt es bei Benedetto Cotrugli, einem Kaufmann aus Ragusa:

»Sie verkehren mit Handwerkern, Edelleuten, Baronen, Fürsten und Prälaten aus allen Schichten und alle drängen sich bei den Kaufleuten, die sie ständig brauchen. Selbst große Gelehrte statten den Kaufleuten oft ihren Besuch ab [...] Denn in keinem Königreich und keinem Staat hat es jemals ein Mann vom Fach verstanden, so mit Geld umzugehen – es ist die Grundlage aller menschlichen Verhältnisse –, wie ein ehrlicher und erfahrener Kaufmann [...] Weder Könige noch Fürsten, noch irgend jemand anders, welchen Rang er auch hat, kann soviel Ansehen und Kredit vorzeigen, wie ein guter Kaufmann. [...] So können die Kaufleute auf ihre herausragende Würde stolz sein [...] Sie dürfen nicht die brutalen Manieren der groben Soldaten haben, und nicht die liebedienerischen Manieren der Possenreißer und Komödianten, vielmehr muß sich in ihrer Sprache, ihrem Vorgehen und in ihrer gesamten Handlungsweise ihre Ernsthaftigkeit widerspiegeln, damit sie ihrer Würde gerecht werden.«

Damit zeichnet sich eine Kaufmannsmoral ab, die ganz und gar weltlich ist. Sie ist durch eine Geschäftsmoral definiert, die in den Handbüchern der Kaufleute – zum Beispiel *Ratschläge für den Handel* und andere – sehr gut zum Ausdruck kommt.

Vom Kaufmann wird Vorsicht, ein Gespür für seine eigenen Interessen, Mißtrauen gegenüber den anderen, die Angst, Geld zu verlieren, und Erfahrung verlangt.

»Verkehr nicht mit den Armen, denn du hast nichts von ihnen zu erwarten«, heißt es bei einem anonymen Florentiner; vor allem jedoch muß er rechnen können. Handel bedeutet Überlegung, Organisation und Methode.

»Welch ein Fehler, Handel empirisch zu betreiben«, heißt es bei dem unbekannten Autor; »Handel bedeutet rechnen – si vuole fare per ragione«.

Wie Y. Renouard treffend gesagt hat, handelten die großen italienischen Geschäftsleute des 14. Jahrhunderts und die mittelalterlichen Kaufleute, »als ob sie glaubten, der menschliche Verstand könne alles verstehen, alles erklären und ihr Handeln lenken [...] sie haben eine rationalistische Einstellung.«

Aber im Gebrauch, den sie vom Verstand machten – die lateinische »ratio« und die italienische »ragione« –, ragte der Aspekt des Kalküls deutlicher als der der uneigennützigen Forschung hervor. Das erklärt den Egoismus, der sich im Wettbewerb Luft machte:

»Du darfst den anderen nicht dienlich sein, um Dir selbst in Deinen eigenen Geschäften Schaden zuzufügen«, so heißt es bei Paolo di Messer Pace da Certaldo. Und mehr als alle anderen besaß der mittelalterliche Kaufmann einen (fast pathologischen) Sinn für und Geschmack an Geschäftsgeheimnissen.

Auf diese Geheimniskrämerei ist es zurückzuführen, daß wir selbst dort, wo Dokumente vorliegen, oftmals schlecht informiert sind. Um eventuellen Konkurrenten Informationen vorzuenthalten, verschwiegen die mittelalterlichen Kaufleute in ihren Geschäftsbüchern, Verträgen und notariellen Akten das Ziel ihrer Unternehmungen oder verschleierten es, und verhüllten den

Namen ihrer Geschäftsfreunde und die Art der Waren. Die Krönung dieser Einstellung und Praxis findet sich bei Leon Battista Alberti im 15. Jahrhundert, der den Kaufleuten empfahl, nicht nur ihren Familienmitgliedern – angefangen bei ihrer Frau – die Geschäftsgeheimnisse vorzuenthalten, sondern sie auch ermahnte, sich einen Wohnsitz zu bauen, aus dem nichts von dem, was innen geschieht, nach außen dringt, also eine Festung, für die die Paläste der florentinischen Kaufleute als Beispiel dienten. Er empfahl Geheimtüren und Geheimtreppen, durch die man die Boten, Angestellten und Nachrichtenträger einließ. So hatten die Kapitalisten schon ab dem Mittelalter vermittels ihrer Geschäfte einen Wall errichtet.

Die Kaufmannsmoral schreckte auch nicht davor zurück, Bestechungen unter Berufung auf die Bibel (Deuteronomium 16, 19) zu empfehlen, wie in dem Werk *Ratschläge an den Kaufmann* eines anonymen Florentiners aus dem 14. Jahrhundert nachzulesen ist:

»[...] das Geschenk macht die Augen der Weisen blind und verdreht die Sache derer, die im Recht sind.«

4. Die Religion des Kaufmanns

Es wäre ein schwerer Fehler, im mittelalterlichen Kaufmann nur jemand sehen zu wollen, der damit beschäftigt war, weltlichen Gütern nachzujagen. Als Mensch des Mittelalters und Bürger einer vom religiösen Geist und von religiösen Praktiken durchdrungenen Gesellschaft war er auch ein Christ.*

---

* Hier sind Untersuchungen wie jene von G. Espinas und M. Bloch, die der Beziehung zwischen Gewerben, Zünften und Bruderschaften nachgehen, von besonderem Interesse. Vgl. M. Bloch (M. Foujères), »Entr'aide et piété: les associations urbaines au Moyen Age«, in: *Melanges d'histoire sociale*, 1944.

Aus den bereits oben zitierten Quellen ging hervor, daß sich die Kaufleute in all ihren Handlungen auf Gott beriefen. Die Handelsbücher beginnen alle mit dem folgenden Satz: »Im Namen unseres Herrn Jesus Christus und der Heiligen Jungfrau Maria Seiner Mutter und aller Heiligen des Paradieses, durch ihre heilige Gnade und Barmherzigkeit sei uns Gesundheit und Gewinn gegeben, sowohl auf dem Lande wie zur See, und dank dem seelischen und körperlichen Heil mögen sich unsere Reichtümer und unsere Kinder vermehren. Amen«.

Die Statuten der Kaufmannsgilden verdeutlichen auf höchst anschauliche Weise die religiöse Besorgnis der Gildenmitglieder. A. Sapori hat die Statuten der *Arte di Calimala* in Florenz untersucht. Der erste Paragraph befiehlt den Mitgliedern, den katholischen Glauben zu befolgen und mit den Autoritäten im Kampf gegen die Häretiker zusammenzuarbeiten. Der zweite Paragraph zählt die religiösen Festtage auf, die einzuhalten sind. Der fünfte Paragraph legt genau die Teilnahme der Gilde an hohen religiösen Feierlichkeiten fest, bei denen sie vertreten sein mußte. Der 14. Paragraph sieht die religiösen Ausgaben vor, die die Gilde zu leisten hat: sie mußte für eine gewisse Zahl von Leuchten in *San Giovanni* sorgen, die gesamte Beleuchtung für diese Kirche während der hohen Feste bezahlen; Sonderalmosen und dreimal pro Woche gutes Weizenbrot an Arme verteilen. Zu Beginn seiner berühmten *Practica della Mercatura* gibt Francesco Pegolotti die Verse von Dino Compagni wieder:

»Der Kaufmann, der Ansehen genießen will,
muß immer gerecht handeln,
große Weitsichtigkeit besitzen
und immer seine Versprechen einhalten.
Wenn möglich, soll er liebenswürdig aussehen,
wie es dem ehrenwerten Beruf, den er gewählt hat, entspricht
aufrichtig beim Verkauf, aufmerksam beim Kauf sein,
er soll sich herzlich bedanken und von Klagen Abstand halten.

Sein Ansehen wird noch größer sein, wenn er die Kirche besucht,
aus Liebe zu Gott spendet, ohne zu feilschen
seine Geschäfte abschließt und sich strikt weigert
Wucher zu betreiben. Schließlich soll er vernünftig
seine Konten führen und keine Fehler begehen.«
»*Amen*«, fügt Pegolotti hinzu.

Die Wohltätigkeit

In der täglichen Praxis seiner Geschäfte gab der Kaufmann, nach dem Beispiel der Kirche, Gott und den Armen ihren Teil. Neben dem Geldschrank, der sein Geld enthielt, stand eine kleinere Kasse mit Kleingeld. Sie diente für Almosen. An Feiertagen gaben die Handelsgesellschaften jedem einzelnen Gesellschaftsmitglied Taschengeld, um es an die Armen zu verteilen. Die gespendeten Summen wurden regelmäßig in die Register eingetragen.

Bei der Gründung einer Handelsgesellschaft in Italien erhielt Gott eine Teilhaberschaft an der Gesellschaft. Als Sozius hatte Gott ein laufendes Konto, erhielt seinen Gewinnanteil, der in den Büchern unter dem Namen »Messer Domeneddio« eingetragen war; bei Bankrott wurde er bei der Geschäftsauflösung an erster Stelle ausbezahlt. Aus Bardis Büchern ist ersichtlich, daß Gott 1310864 Pfund und 14 Sous erhielt. Gott stand für die Armen, die ihn auf Erden repräsentierten.

Bei einer Vertragsunterzeichnung war es üblich, Gott als Zeugen anzurufen und ihm als Dank ein Opfergeld zu zahlen, das in Frankreich *Denier à Dieu*, in Italien *Denaro di Dio* und in Deutschland *Gottespfennig* hieß. Es wurde an die Armen verteilt.

Bereits gegen Ende des 11. Jahrhunderts stiftete Pantaleone d'Amalfi dem Dom seiner Geburtsstadt und der Basilika *San Paolo fuori le mura* in Rom Bronzetüren, die er in Konstantinopel, wo er Geschäftsinteressen verfolgte, hat gießen lassen; auf dem Monte Gargano, wo der Erzengel Michael erschienen ist, ließ er eine prächtige Kirche erbauen; in Antiochia gründete er ein Krankenhaus, und in Jerusalem ließ er Klöster restaurieren.

Die guten Taten und frommen Gaben der mittelalterlichen Kaufleute waren zahlreich. J. Lestocquoy zählte in Arras dreiundzwanzig Leprosenhäuser, Hospitäler oder Asyle, die von Kaufmannsfamilien gegründet worden waren. Das berühmte Bürgerspital *Biloque* in Gent war eine Gründung der Uten Hove. Das *Santa Maria della Scala*-Krankenhaus in Siena war eine Schenkung der großen Kaufleute und Bankiers der Stadt. Die in ihrem Genre einzigartigen Fresken von Domenico di Bartolo zeigen einen wahren »Krankenhauszyklus«, der der Darstellung von karitativen Handlungen gewidmet ist.

Die letzte Buße

Die reichen Kaufleute zeigten ihre religiösen Gefühle vor allem gegen Ende ihres Lebens, im Angesichte des Todes. Einige gaben selbst ihren Beruf und Reichtum auf, traten einem Orden bei und zogen sich in ein Kloster zurück.

Zu Beginn des 12. Jahrhunderts ließ Werimbold aus Cambrai durch den Bischof seine Ehe auflösen, trennte sich von seiner Frau, und beide zogen sich in die Nähe eines Klosters zurück, um wohltätig zu wirken. Seine Güter teilte er unter den Armen und den beiden Abteien Saint-Aubert und Saint-Croix auf.

Der Doge Sebastiano Ziani, der durch Handel sprichwörtlichen Reichtum erworben hatte – »reich wie Ziani« hieß es –, zog sich in das Kloster *San Giorgio Maggiore* zurück. Er vermachte ihm alle Häuser entlang der *Merceria* von der Kirche *San Juiliano* bis zur Brücke *San Salvatore* und an der *Basilica di San Marco*, neben vielen anderen Gebäuden, alle Gebäude am San Marco-Platz. Sein Sohn Pietro Ziani, der auch Doge war, zog sich ebenfalls 1229 ins Kloster *San Giorgio Maggiore* zurück. Der berühmte Bankier aus Arras Baude Crespin beendete sein Leben als Mönch von Saint-Vaast. Einer der größten Bankiers von Siena, Bernardo Tolomei, gründete mit dem Kloster *Monte Oliveto Maggiore*, wohin er sich zurückzog, die Benediktinerkongregation der Olivetaner. Die Kirche sprach ihn selig. Er war nicht der erste Kaufmann, dem diese Weihe zuteil wurde. Schon zu Beginn des 12. Jahrhunderts wurde Godric de Finchale heiliggesprochen, und eine der ersten Amtshandlungen von Innozenz III. war 1197 die Heiligsprechung eines großen Kaufmanns aus Cremona, Homobonus. Das Beispiel des heiligen Homobonus sollte später von Kirchenvätern verwendet werden, um zu zeigen, wie man trotz oder durch den Handel in den Himmel kommen konnte. Mit den Kaufleuten wurde gleichsam ihr Beruf geheiligt.

Für die großen Kaufleute war der nahende Tod auch der Moment der Reue sowie der Augenblick, in dem es in Übereinstimmung mit den Anweisungen der Kirche galt, das von ihren Opfern unrechtmäßig Erworbene zurückzuerstatten.

Zweifellos kamen die Gewissensbisse spät und wirkten sich vor allem auf die Erben aus, die mit den Entschädigungszahlungen befaßt waren. Wir haben sie bereits bei Boinebroke am Werk gesehen.

Wenn es sich auch nicht im eigentlichen Sinne um eine Rückgabe handelte, so sahen die Kaufleute in ihren Testamenten doch zahlreiche und umfangreiche Vermächtnisse an die Kirche und an Wohlfahrtsvereine vor. So hinterließ Francesco di Marco Datini da Prato, ein methodisch vorgehender und gewinnsüchtiger Kaufmann*, fast sein gesamtes Vermögen von 75000 Florins für gute Werke.

Der Wert dieser Gefühle und die Motive für die frommen und wohltätigen Handlungen waren allerdings recht dubioser Natur.

Die religiösen Motive

Eine Religion, die Gott so leicht in Geschäfte einspannte, von ihm weltliche Erfolge verlangte und vielleicht abergläubisch das Vermögen vom göttlichen Schutz abhängig machte, könnte ver-

* Nach Armando Sapori war er »der zweite Typ des italienischen Kaufmanns«, bei dem »an die Stelle der Freigebigkeit und des Wagemuts der Geist der Engherzigkeit und der Behutsamkeit trat.«

dächtig erscheinen. Jacques de Saint-Antonin, ein Geldwechsler aus Toulouse, sprach 1433 von den Gütern, »die Gott ihm gab und die er mit Gottes Hilfe in diesem Jahrhundert erworben hatte«. Tatsache ist, daß diese Mentalität, in der man ein Merkmal des Reformationsgeistes hat erkennen wollen, bei den Kaufleuten schon ab dem Mittelalter anzutreffen war.

Man kann auch annehmen, daß die Furcht vor der Kirche, die trotz des Gesagten über gewaltige weltliche Zuchtmittel verfügte, zu vielen Handlungen Anlaß gab, die dem Anschein nach wohltätig und fromm waren.

Bedeutende Historiker haben zu Recht betont, wie stark die Angst vor der Hölle die Geisteshaltung der Kaufleute beeinflußte. Diese Panik, die bei fast allen Menschen des Mittelalters anzutreffen war, scheint die Kaufleute in besonderem Maße betroffen zu haben. Auf der Höhe ihres Wohlstands, im vollen Besitz ihrer Kräfte und ihrer Macht schoben sie die von der Kirche wiederholten Reden und die von Predigern, Beichtvätern und Künstlern beschworenen Schreckensvisionen noch leichter Hand beiseite. Aber wenn die Stunde der Wahrheit schlug, dann erschraken sie vor der Passivseite ihres Lebens, denn sie kannten den unversöhnlichen Richtspruch der Bilanzen und stellten sich Gott gerne mit Registern vor, wie sie selbst sie führten. Sie sahen eiligst zu, daß sich die Waage zur richtigen Seite neigte, überstürzt machten sie Schenkungen und Rückgaben und warfen sich, wenn nötig, selbst in die Waagschale. Nach dem Vorbild des berühmten Triptychons von Hans Memling, auf dem zu sehen ist, wie Tommaso Portinari, der Großkaufmann aus Brügge, gewogen wird, wogen sie die Passivseite ihres Lebens gegen das Paradies der Gerechten auf.

Den Wert eines solchen Gefühls und einer solchen Verhaltensweise einzuschätzen, ist Aufgabe des Einzelnen. Aber es kann weder verneint werden, daß die Angst vor der Hölle eine Form des grundsätzlich christlichen Heilswunsches war, noch, daß das mittelalterliche Denken, das weniger empfindlich als unser eigenes Denken auf das, was wir versucht sind, Scheinheiligkeit zu nennen, reagierte, es leichter fand, das Nebeneinander eines scharfen Zynismus und einer tiefen Religiosität zu akzeptieren.

Kaufleute und Ketzer

Es ist leider sehr schwierig, die Rolle anzugeben, die die Kaufleute in den mittelalterlichen Ketzerbewegungen spielten. Zweifellos war das Aufflammen des Ketzertums im 12. und 13. Jahrhundert mit dem Aufschwung der Städte verbunden – obwohl die Verbindungen zwischen den Doktrinen der Katharer, Waldenser und der Pataria einerseits und den städtischen Klassen andererseits noch nicht zur Genüge untersucht worden sind. Unter den Ketzern waren auch Kaufleute anzutreffen, besonders im Languedoc, in der Provence und in Norditalien. Es ist schwierig, ihre Anzahl und ihre Rolle anzugeben, und noch schwieriger, ihre Motive einzuschätzen. Wollten sie am Kampf gegen den kirchlichen Einfluß, gegen die mit der Feudalgesellschaft verbundene Kirche aus wirtschaftlichen, politischen oder im engeren Sinne religiösen Motiven teilnehmen?

Jedenfalls ist festzuhalten, daß der christliche Einfluß selbst innerhalb der Kaufmannsklasse oft Gefühle der Abscheu oder der Furcht gegenüber Geld und Handel hervorrief. Wie wir gesehen haben, zogen sich manche Kaufleute von ihren Geschäften und der Welt zurück. Das galt in noch höherem Maße für Kaufmannssöhne, die mit der väterlichen Aktivität und Psychologie gebrochen hatten. Der christliche Einfluß vermochte den Einzelnen auf seinem religiösen Weg weit hinauszuführen, zum Beispiel zum Ketzertum, wie Petrus Waldus; oder an die Grenzen von Ketzertum und Orthodoxie, wie die italienischen *Umiliati*, ein Orden von Arbeiter-Mönchen, der stark in der Leinenindustrie vertreten war und zu dem vielleicht der heilige Homobonus aus Cremona gehörte. Andere führte der religiöse Weg in die Kirche, zu den Franziskanern, zum heiligen Franz, inmitten der Widersprüche dieses Ordens, die bis in die Spiritualität der Armut und die Gewissenskonflikte seiner Mitglieder reichten. Die Armut der ehemaligen Reichen war nicht die Armut der ewig Armen. Während die Armut für die einen ein Ideal darstellte, war sie für die anderen immer auch ein Fluch. Im Wirbel der Franziskanerwelt blieben die einen, die an den alten Wirtschaftsstrukturen festhielten, der Idee der unbedingten Armut zum Teil bis zum Ketzertum verpflichtet, während die anderen, die mit den Städten und dem Handel in Kontakt standen, eher bereit waren, die Aktivität des Kaufmanns sowie Eigentum und Geld zu akzeptieren – unter der Bedingung, daß man »im Geiste arm« blieb.

5. Die Entwicklung der kirchlichen Einstellung gegenüber den Kaufleuten

Der Einblick in die konkreten Beziehungen zwischen Kirche und Kaufleuten führt zu einer grundlegenden Revision jener Erklärungsschemata, die davon ausgehen, daß Kirche und Kaufleute in Opposition zueinander standen. Um die Komplexität dieser Beziehungen zu verstehen, gilt es ihre Entwicklung und Ursachen zu erforschen. Weil man die mittelalterliche Kirche für monolithisch und unveränderbar hielt, sind über ihre Einstellung zu den Kaufleuten allzu grobschlächtige Theorien aufgestellt worden.

Die Feudalperiode

Als die kommerzielle Revolution begann, die erst im 12. und 13. Jahrhundert ihren Höhepunkt erreichte, war die Kirche durch ihre wirtschaftliche Position, durch ihre politischen Beziehungen, durch ihre soziale Rekrutierung und ihr Ideal eng mit der feudalen und ländlichen Welt verbunden. Während dieser Zeit hatte die Kirche, die gegenüber den Problemen des Handels verschlossen war, sehr wenig Achtung vor dem Kaufmann. Die Tatsache, daß die Juden zu dieser Zeit noch eine wichtige Rolle im internationalen Handel des

Abendlandes spielten, stärkte die Kirche in ihrer Mißbilligung dieser Aktivitäten. Sie tolerierte allerdings bereitwillig ihre ökonomische Rolle – von der die Christen profitierten. In ihren Augen entsprach die christliche Gesellschaft der berühmten Klassifizierung von Adalbero von Laon (940–1030): die Adligen verteidigen die Gesellschaft; die Kleriker beten für sie; die Hörigen ernähren sie durch bäuerliche Arbeit, die der beiden oberen Klassen unwürdig ist. Es war also eine militärische, geistliche und ländliche Gesellschaft. Die Kirche war verwundert oder schockiert darüber, daß ein Mitglied dieser Gesellschaft sich mit Handel beschäftigte. *Ignobilis mercatura* heißt es in der Lebensbeschreibung des heiligen Guido von Anderlecht im 11. Jahrhundert, wobei *ignobilis* natürlich hier nicht ›ehrlos‹, sondern ›einem adligen Leben unangemessen‹ bedeutet. Und der Kaufmann, der den Heiligen dazu veranlaßte, Handel zu treiben, wird als *diaboli minister*, als Diener des Teufels, bezeichnet.

Die Kirche und die kommerzielle Revolution

Es ist nicht verwunderlich, daß die Kirche ihre Einstellung gegenüber den Kaufleuten zu einer Zeit änderte, als sie sich von der Feudalgesellschaft freizumachen suchte. In ihrem Kampf gegen den Einfluß des Feudalismus auf die Kirche mußte die gregorianische Reform ihre Verbündeten in der Welt des Geldes, des Handels und bei den Kaufleuten, also den neuen Mächten, finden.*

Man denke an die Maßnahmen Gregors zugunsten der Kaufleute. Ein Teil der geistlichen Welt blieb jedoch eng mit dem Feudalismus und seiner Ideologie verbunden. Dieser Teil bestand aus den rückwärtsblickenden Klerikern, die noch lange Zeit auf die Texte gegen die Kaufleute zurückgreifen und gegen

---

*Roberto Lopez hat auf die Rolle der Münzer beim Erfolg von Gregor VII. hingewiesen.

das Geld wettern sollten, wie zum Beispiel der heilige Bernhard, der ganz und gar vom feudalen und ländlichen Geist durchdrungen war, und wie die Prediger, die sich gegen ihr Jahrhundert richteten – wie zum Beispiel Jacques de Vitry.

Währenddessen stellte sich die kirchliche Hierarchie immer deutlicher auf den Kaufmann ein. Sie erkannte ihre Ohnmacht gegenüber dem Kaufmann und wurde bald von ihm, seinem Geld und seinen Aktivitäten abhängig. G. Le Bras sprach vom »Wucher im Dienste der Kirche«.

Wie wir sahen, kam der Papst schon sehr bald nicht mehr ohne die Hilfe der großen italienischen Bankiers aus, und überall mußten sich Bischöfe und Äbte an große Kaufleute und lokale Geldwechsler wenden. Es ist keine übertriebene Vorstellung, daß diese in einer religiös durchtränkten Gesellschaft Druck auf die Kleriker ausübten, um von der Kirche rehabilitiert und gerechtfertigt zu werden. Die Kirche sprach Kaufleute ebenso heilig wie, aus politischen Gründen, die Mitglieder der königlichen Dynastien.

Die Kirche beteiligte sich bald sogar an finanziellen Operationen; zuerst auf indirektem Wege durch Vermittlung ihrer Bankiers wie zum Beispiel durch den berühmten Alauntrust, der im 15. Jahrhundert den Heiligen Stuhl und die Medici Bank vereinigte; später auch auf direktem Wege. Gewiß waren den Klerikern wucherische Praktiken ausdrücklich untersagt, aber ebenso wie die Klöster im Frühmittelalter eine Rolle als Kredithäuser hatten spielen können, so betätigten sich die Äbte und Bischöfe, die über ausreichende Kapitalien verfügten, auch trotz der Verbote als Geldgeber und Wucherer. Da sie oft toleriert wurden, trieben sie manchmal ihren Handel vor aller Augen. Wenn die Kirche selbst, die vor allem reich an Grundbesitz war, wodurch sie in die Krise des Feudalismus und der ländlichen Wirtschaft geriet, auch den weltlichen Kräften die Hauptrolle im Aufschwung des Kapitalismus überlassen mußte, so wurde doch zum Beispiel der Templerorden im 13. Jahrhundert zu einer der größten Banken der christlichen Welt und der Deutsche Ritterorden, der umfangreichen Wollhandel trieb, beschäftigte um 1400 einen Agenten in

Flandern. Die Kirche wechselte vom Pakt mit dem Feudalismus zum Pakt mit dem Kapitalismus über und erwies sich dadurch im Hinblick auf die Kaufleute als überraschend weitsichtig.

Die Kirche und die Anfänge des Kapitalismus

Dabei wurde sie sicher von den immer zahlreicher werdenden Angehörigen der reichen Kaufmannsschicht unterstützt, die den Orden beitraten. So schreibt J. Lestocquoy: »Ich habe die Namen von Patriziersöhnen aus Arras aufgezeichnet, die der Kirche beigetreten sind: es handelt sich dabei fast um alle Vertreter des Patriziats selbst.« Papst Innozenz IV. gehörte, in der Mitte des 13. Jahrhunderts, der großen genuesischen Kaufmannsfamilie der Fieschi an. Die Bedeutung dieser neuen kirchlichen Rekrutierung ist bislang nur unzureichend berücksichtigt worden. Die aus dem Handelsbürgertum stammenden Priester und Mönche vermittelten der Kirche kaufmännisches Wissen. Da sie dennoch persönlich der Geschäftspraxis fernstanden, wollten sie wenigstens bei der Rechtfertigung ihrer Verwandten helfen. Sie taten es entweder aufgrund des kaufmännischen Klassengeistes, von dem sie nicht vollständig befreit waren, oder durch verwandtschaftliche Zuneigung oder weil der enge Kontakt mit den Kaufleuten sie davon überzeugt hatte, daß diese auch unter Mißachtung gewisser Vorschriften gute Christen waren. Ein Generallektor des Franziskanerordens, der zu Beginn des 14. Jahrhunderts die Kaufleute verteidigte, streitet ab, daß das verzinsliche Darlehn unerlaubt sei, denn, so schreibt er,

»Die Kaufleute pflegen Darlehn zu verleihen und scheinen dennoch nicht unbekümmert um ihr Heil zu sein, was sie sein sollten, wenn diese Praktiken unerlaubt wären.«

Paradoxerweise trifft man die eifrigsten Verteidiger der Kaufleute in den neuen Orden des 13. Jahrhunderts, in den Bettlerorden, an. Eine Reihe von Gründen veranlaßten die Dominikaner und Franziskaner, diese Rolle zu übernehmen. Sie standen mit städtischen Kreisen in Kontakt, die selbst oft aus der Kaufmannsschicht hervorgegangen waren, und waren als treue Diener des Papstes darum besorgt, die neuen Verbündeten zu begünstigen, und besaßen darüber hinaus Kenntnisse über kommerzielle Techniken und scholastische Methoden, die die Universitäten und Schulen ihres Ordens ihnen beigebracht hatten. Vom Papsttum unterstützt, erwiesen sie sich in den Beichtbüchern und großen Werken der Theologie und des kanonischen Rechts im 13. Jahrhundert als Sprachrohre der ideologischen und religiösen Rechtfertigung des Kaufmanns.

Sicherlich gab es in der Kirche weiterhin den Kaufleuten feindlich gesinnte Traditionalisten, und am Ende des Mittelalters kam es zu einer Art von kirchlicher Reaktion gegen die Kaufleute. Doch selbst wenn der heilige Antonius von Florenz gegen Wucher und Geld wetterte und eine Zeitlang die breite Masse aufzuwiegeln vermochte, so blieb dies doch eine verbale Reaktion, die nicht viel Bedeutung hatte. Es war nur Wasser auf die Mühlen der kurzen Aufstände, wie zum Beispiel in Florenz zur Zeit des Bußpredigers Savonarola (1452–1498).

Die Kirche nahm den Kaufmann sehr schnell in ihre Reihen auf und akzeptierte bald den wesentlichen Teil seiner Praktiken. Sie war weit davon entfernt, ein Hemmnis in der Entwicklung des Kapitalismus zu sein. Es ist sogar die Frage erlaubt, ob die Kirche ihm nicht unfreiwillig bis in ihre Feindschaft hinein diente. Die Verdammung des Wuchers und gewisser Formen des verzinslichen Darlehns führte die Kaufleute dazu, ihre Methoden zu verbessern und auf Verfeinerungen zu sinnen. Die Entwicklung des Wechsels, des Hauptelements im Aufstieg der Kaufmannsschicht, hatte ihren Ursprung im Wunsch der Kaufleute, der Kirche zu gehorchen, was dadurch gelang, daß sie eine Kreditoperation, die die Kirche mißbilligte, durch eine Wechseloperation ersetzten, die sie tolerierte.

Das Ideal der Kirche: die Mittelklassen

Wenn die Kirche auch nachgab und sich teilweise an die kapitalistische Welt anpaßte, so war ihr Ideal in diesem Bereich doch nicht der Großkaufmann, dem gegenüber sie ein gewisses Mißtrauen hegte; es war der Handwerker, der kleine Händler, der Angehörige der Mittelklassen. Der Kaufmann der Gilden, den eine Reihe von Verordnungen so einschränkten, daß Betrug und Wettbewerb verhindert wurden, und – wenigstens in der Theorie – den Verbraucher schützten, stellte ein Gleichgewicht der Mittelmäßigkeit dar. Das Ideal der Kirche war der theoretisch freie Handwerker, der, eingeschränkt durch die engen Schranken seiner Stadt und seines Geschäfts, nützlich sein konnte, ohne großen Schaden anzurichten. Sie unterstützte ihn bis in seinen ökonomischen Malthusianismus hinein, als sie zum Beispiel im 14. und 15. Jahrhundert die »Neuheiten« als Sünde verdammte, d.h. die technischen Innovationen, die der kapitalistische Kaufmann in den internationalen Wettbewerb einbringen wollte.

Als sie der Tätigkeit des Kaufmanns neue Grenzen setzte, nahm sie ihn als Modell. Denn letztlich zielte die Arbeit der Theologen und Kanonisten des 13. Jahrhunderts nur auf die Eindämmung des kapitalistischen Aufschwungs, auf die Empfehlung eines bescheidenen Gewinns – *lucrum moderatum* –, auf die Einhaltung des »gerechten Preises« – *justum pretium* – und auf die Trennung des guten vom schlechten Kaufmann. Der gute Kaufmann begrenzte seine Horizonte und vermied durch Einschränkung seines Handlungskreises die Gelegenheiten zur schweren Sünde.

Die Kaufleute und die Renaissance

Einige große Kaufleute suchten außerhalb der Kirche und der traditionellen religiösen Mentalität eine Ausflucht, wahrscheinlich eher, weil sie dieser dünnen Luft entkommen, als ein Joch abschütteln wollten, das zu Beginn der Renaissance, wie wir gesehen haben, leicht zu ertragen war.

Als sich der Kult der Macht, des Individuums und der »virtu« entwickelte, sah der Großkaufmann darin ein Sprungbrett für sein Verlangen nach politischer Macht, Kundschaft und der Entdeckung neuer Märkte.

Die einen begrüßten die intellektuelle Renaissance, die ihnen durch die Befriedigung der Bedürfnisse ihrer starken Persönlichkeit erlaubte, Humanisten zu sein, ohne die Kirche zu verlassen, mit der sie eine mittelalterlich gebliebene Frömmigkeit und der Sinn für ihre Interessen verband, denn die Kirche war sehr oft ein mächtiger sozialer Verbündeter. Nachdem sie die platonische Renaissance in Florenz belebt und finanziert hatten, gaben die Medici der Kirche einen Leo X., Humanist und Papst.

Andere schlossen sich der Reformation an und verliehen ihr die Spiritualität des Erfolgs, in der man manchmal ein seltsames Bündnis zwischen Welt und Himmel, Religion und Geschäften, Gott und Kaufmann antraf. Aber im 16. Jahrhundert sollte die religiöse Einstellung des Kaufmanns, über lokale Bedingungen hinausgehend, eine Frage individueller Wahl sein.

Vielleicht wurde sich der Kaufmann vor allem bewußt, daß die Ökonomie nicht in den Zuständigkeitsbereich der Kirche fiel. Die Kirche, die im Mittelalter manchmal ihre moralischen Forderungen mit positiven Theorien verwechselte, bekannte mühsam, daß sie kein ökonomisches Lehrgebäude haben konnte und tatsächlich auch keins hatte. Nach ihren totalitären Bemühungen im Mittelalter, die Gesamtheit der menschlichen Handlungen zu umgreifen, fiel es ihr schwer, sich mit Verzichten und Unterscheidungen abzufinden, die durch die intellektuelle und materielle Entwicklung auferlegt wurden. Die Renaissance brachte den Säkularisierungsprozeß, der im 12. und 13. Jahrhundert bereits beschleunigt worden war, einen Schritt weiter nach vorne. In Machiavellis Jahrhundert wollten Wirtschaft und Religion, ebenso wie Moral und Politik, getrennt sein. Es gab immer noch Katholiken, die Kaufleute waren, aber es sollte immer weniger katholische Kaufleute geben.

IV. DIE KULTURELLE ROLLE DES KAUFMANNS

1. Die Kaufleute und die Verweltlichung der Kultur

Oft hat man den Eindruck, daß die Kleriker im Mittelalter ein kulturelles Monopol besaßen. Man geht davon aus, daß Schulbildung, Denken, Wissenschaften und Künste durch sie und für sie gemacht worden seien oder wenigstens unter ihrer Anregung und Kontrolle entstanden wären. Das Bild ist falsch und bedarf dringend der Berichtigung. Die Kirche hatte nur während des Frühmittelalters einen fast ausschließlichen Einfluß auf die Kultur. Mit dem Beginn der kommerziellen Revolution und der Entwicklung der Städte änderte sich diese Situation. So stark auch die religiösen Interessen und die kirchlichen Einflüsse blieben, die alten und neuen Sozialgruppen hatten andere Sorgen, dürsteten nach praktischen oder theoretischen Kenntnissen, die nicht religiös gefärbt waren, schufen sich eigene Wissensinstrumente und eigene Ausdrucksweisen.

Der Kaufmann spielte in der Entstehung und Entwicklung der weltlichen Kultur eine wichtige Rolle. Für seine Geschäfte brauchte er technische Kenntnisse. Von seiner Mentalität her zielte er auf das Nützliche, das Konkrete und Rationelle ab. Dank seinem Geld und seiner sozialen und politischen Macht vermochte er seine Bedürfnisse zu befriedigen und seine Pläne zu verwirklichen.

Die weltlichen Schulen

Henri Pirenne, Armando Sapori und Amintore Fanfani haben uns den Weg für eine Untersuchung der Ausbildung des Kaufmanns und seiner Rolle in der Geschichte der Erziehung gebahnt. Allerdings wissen wir bislang über den wichtigen Bereich der weltlichen Schulen im Mittelalter noch recht wenig.

Es läßt sich vermuten – obgleich das ortsbedingt war; eine bessere Kenntnis der Schulbedingungen würde den Vorsprung gewisser Gegenden hinsichtlich der Organisation des Handels erhellen –, daß die Bürger, d.h. im wesentlichen die Kaufleute, schon sehr früh das Recht erwarben, Schulen zu gründen, und auch Gebrauch davon machten.

Gemeindeschulen gab es bereits 1179 in Gent. Die gegen den harten Widerstand der Kirche eroberte Unterrichtsfreiheit wurde 1191 feierlich durch Gräfin Mathilde und Graf Baudouin IX. anerkannt. Wenn es der Kirche auch gelang, die Universitätsausbildung und die höheren Schulen in der Hand zu behalten, so mußte sie doch im allgemeinen die Grundschule aufgeben. So war es 1253 zum Beispiel in Ypern jedem erlaubt, eine Grundschule zu gründen. In den *parvae scolae* oder *scolae minores* empfingen die Kinder des Handelsbürgertums die unentbehrlichen Kenntnisse für ihren zukünftigen Beruf.

Der Einfluß der Kaufmannsklasse auf die Schulbildung machte sich vor allem in vier Bereichen bemerkbar: im Schreiben und Rechnen, in der Geographie und den modernen Sprachen.

Das Schreiben

Es ist bekannt, wie sehr die Schrift mit den Bedürfnissen, die sie befriedigen soll, zusammenhängt. Als Produkt einer bestimmten Zivilisation hängt sie eng von dem Milieu ab, das sie benutzt. Es ist bekannt, daß der Übergang von der antiken Schrift, der römischen Kursive, zur Schrift des Frühmittelalters, der karolingischen Minuskel, nur durch den Übergang von einer Zivilisation zu einer anderen erklärt werden kann. Ebenfalls war die Rückkehr zur Kursive im 12. und 13. Jahrhundert ein Teil der gesamten ökonomischen, sozialen und intellektuellen Bewegung, die zur Geburt einer neuen Gesellschaft führte. In der Vielfalt der Schriftarten, die sich damals entwickelte, muß neben der

Kanzleischrift, die elegant, gepflegt und für feierliche Akte bestimmt war, und der kürzelhaften und minuziösen Notarschrift, der sauberen und schnellen Kaufmannsschrift, die »Energie, Gleichgewicht und guten Geschmack« zum Ausdruck bringt, ein eigener Platz eingeräumt werden. Sie entsprach den wachsenden Bedürfnissen der kaufmännischen Buchhaltung, der Führung der Bücher und der Abfassung von Handelsurkunden. Alles aufschreiben, und zwar sofort und richtig, so lautete die goldene Regel des Kaufmanns. Ein Genueser empfahl ihm am Ende des 13. Jahrhunderts: »Du mußt Dich immer daran erinnern, alles schriftlich niederzulegen, was Du machst. Schreib es sofort auf, bevor Du es vergißt.« Und der unbekannte Florentiner des 14. Jahrhunderts schrieb: »Man darf nicht schreibfaul sein«; *allo scrivere non si puo essere tardo. Scripta manent*, das galt am meisten für den Kaufmann. Dank dem Kaufmann rückte die saubere und bequeme Schrift, die nützliche und geläufige Schrift in den Grundschulen in den Vordergrund.

Das Rechnen

Mit dem Schreiben kam das Rechnen. Seine Nützlichkeit für den Kaufmann ist noch augenscheinlicher. Der Rechenunterricht fing mit der Verwendung von praktischen Maschinen an, die dem Schüler, dann dem Finanzier und Kaufmann zum Rechnen dienten. Es handelte sich um Abakus und Schachbrett – »den bescheidenen Vorläufern der modernen Rechenmaschinen«. Lehrbücher zur elementaren Arithmetik verbreiteten sich ab dem 13. Jahrhundert, wie zum Beispiel 1340 das Lehrbuch von Paolo Dagomari de Prato, der den Beinamen Paolo dell'Abaco trug. Unter den wissenschaftlichen Abhandlungen hatten einige für die kaufmännische Buchhaltung und mathematische Wissenschaft eine besondere Bedeutung. So zum Beispiel das 1202 von Leonardo Fibonacci veröffentlichte Werk *Liber abbaci*. Fibonacci stammte aus Pisa. Sein Vater war Zollbeamter der Republik Pisa in Bougie in Afrika. Er machte sich bei seinen Geschäftsreisen im christlich-moslemischen Handelsraum, in Bougie, in Ägypten, in

Syrien und Sizilien mit der Mathematik vertraut, die die Araber von den Hindus übernommen hatten. In seinem Werk führt er den Gebrauch der arabischen Ziffern, der Null, die bedeutende Innovation des Stellenwertrechnens*, des Bruchrechnens und des Verhältnisrechnens ein. Nach weiteren Forschungen veröffentlichte er 1220 eine *Practica geometriae*, 1494, also gegen Ende des Mittelalters, schrieb Luca Pacioli sein berühmtes Werk *Summa de Arithmetica*, eine Zusammenfassung der arithmetischen und mathematischen Kenntnisse der Handelswelt und insbesondere der doppelten Buchführung. In Deutschland verbreiteten sich nach 1450 die Nürnberger Rechenbücher.**

Die Geographie

Ein anderes Untersuchungsfeld, das der Kaufmann brauchte, war die praktische Geographie, die wissenschaftliche Abhandlungen, Reiseberichte und Kartographie umfaßte. Es ist bekannt, daß das berühmte *Buch der Weltwunder* von Marco Polo ein Bestseller des Mittelalters war. Der Sinn für Abenteuer, selbst in Form von Romanen, war zu dieser Zeit so groß, daß der erdichteten *Voyage d'Outre Mer* von John Mandeville (1300–1372) Erfolg beschert war. Die katalanischen und genuesischen Kartographieschulen fertigten bewundernswerte Seekarten an, zu denen die Beschreibung von Häfen, Seewegen und Navigationsbedingungen gehörte. Aus diesen gelehrten Kreisen, in denen man für Spezialisten und Fachleute schrieb und Kompaß, Astrolabium und astronomische Instrumente besaß, stammte Christoph Kolumbus, der sich nicht blind ins Aben-

* Es ging hier um den Gegensatz zwischen dem Rechnen »auf den Linien«, wie z.B. dem Abakusrechnen, und dem Rechnen »auf der Feder«. Fibonacci trug zum Sieg des Algorithmus bei. (A. d. Ü.)

** In Nürnberg erschienen verschiedene Lehrbücher von Rechenmeistern, z.B. im Jahre 1518 das Rechenbuch von Henricus Grammateus (Schreiber) oder 1558 das *Handelsbuch* von Lorenz Meder. (A. d. Ü.)

teuer stürzte, wie es die Legende will, sondern mit guten Kenntnissen und Techniken ausgerüstet war, die ihn zu einem bestimmten Ziel führten. Den Kaufmann, der ins Ausland fuhr, informierten die Abhandlungen zum Beispiel darüber, »was man wissen muß, wenn man nach England reist«, wie der florentinische Kaufmannsbanquier Giovanni Frescobaldi sagte, oder »was ein Kaufmann wissen muß, der nach Kathei reist«, d.h. nach China, wie es in einer berühmten Passage bei Francesco di Balduccio Pegolotti, Kommissionär der Peruzzi, zu lesen steht.

Die Volkssprachen

Für den Kaufmann war auch die Kenntnis der Volkssprachen unerläßlich, damit er mit seinen Kunden in Kontakt treten konnte. Schon sehr früh bediente man sich der Volkssprache, um Kontobücher zu führen und Handelsabkommen aufzusetzen. Obwohl es in den größten Handelszentren Dolmetscher gab, wurden für den Kaufmann Wörterbücher zusammengestellt, wie zum Beispiel ein arabisch-lateinisches Glossar oder ein dreisprachiges Wörterbuch in Latein, Persisch und Kuman (eine türkische Sprache, die vom Schwarzen Meer bis zum Gelben Meer als Handelssprache diente). Zunächst war Französisch die internationale Handelssprache im Abendland – sicher wegen der Bedeutung der Messen der Champagne. Bald nahm jedoch Italienisch eine übergeordnete Bedeutung an, während im hansischen Bereich Niederdeutsch die Oberhand gewann. Es verwundert nicht, daß die zunehmende Bedeutung der Volkssprachen mit der Entwicklung der Kaufmannsschichten und ihrer Aktivitäten verbunden war. Der älteste, in italienischer Sprache bekannte Text ist ein Kontoauszug eines Kaufmanns aus Siena aus dem Jahre 1211.

Die Geschichte

Den Kaufleuten genügten diese Grundkenntnisse nicht, auch die Geschichte interessierte sie. Sie diente ihnen nicht nur dazu, ihre

Stadt und die Rolle, die ihre Klasse darin spielte, zu rühmen, sondern auch dazu, die Ereignisse, die ihren Lebensradius bestimmten und an denen sie aktiv teilnahmen, einzuordnen und zu verstehen. In einem berühmten und außergewöhnlichen Text gab Giovanni Villani anhand von Zahlen eine Beschreibung vom Florenz des Jahres 1338: Hier wird die Anzahl der Einwohner, der Stadtviertel, der Gemeinden, der Zünfte und ihrer Mitglieder, der Umsatz der bedeutendsten Zünfte, die Höhe des Steuerbetrags und die Bilanz der öffentlichen Finanzen aufgeführt. Im 15. Jahrhundert unternahm der Venezianer Marian Sanudo ebenfalls eine numerische Schätzung der venezianischen Macht. Neben offiziellen Dokumenten, Volkszählungen und Steuerlisten überliefert uns die historische Literatur somit auch – selbst wenn ihre Daten manchmal falsch sind – magere mittelalterliche Statistiken. Es ist bereits auf den eigenartigen Tatbestand hingewiesen worden, »daß die florentinische Geschichtsschreibung des 14. Jahrhunderts das fast exklusive Monopol von Geschäftsleuten war: Dino Compagni, Giovanni und Matteo Villani, Giovanni Frescobaldi, Donato Velluti, Marchione di Copo Stefani schrieben jeder Generation die ihr eigenen genauen Chroniken, die auf wirklichen Daten beruhten und deren Autoren, selbst wenn sie voreingenommen waren, sich nicht mit Worten zufrieden gaben.« Neben den Chronisten, die nur auf politische und religiöse Fakten achteten, trat so eine Kategorie von Historiographen auf, die sich um die Wirtschaft kümmerten.

Die kaufmännischen Handbücher

Manche Kaufleute vertrauten den Handbüchern ihre gesamten Kenntnisse und Erfahrungen an; sie sind deshalb von unschätzbarem Wert. In diesen *Handbüchern zur Handelskunde* wurden Waren, Gewichte und Maße, Währungen, Zolltarife und Reisewege aufgezählt und beschrieben. Sie lieferten Rechenformeln und ewige Kalender; sie beschrieben chemische Verfahren, die die Herstellung von Legierungen, Farbstoffen und Heilmitteln ermöglichten; sie gaben Ratschläge zur Steuerhinterziehung und zum Verständnis und Gebrauch von ökonomischen Methoden. Sie zeugen von einem regen Gefühl für die Würde der Kaufleute, wovon wir Beispiele gesehen haben.

Die berühmtesten sind italienischen Ursprungs. Sie tragen Titel wie *Pratica della mercatura* (Handelspraktiken) aus der Feder der Florentiner Francesco di Balduccio Pegolotti, der Kommissionär der Peruzzi in Famagusta, Brügge und London war, und Giovanni di Antonio da Uzzano; *El libro di mercatantie et usanze de paesi* (Buch über die Waren und Gebräuche verschiedener Länder), das Lorenzo Chiarini zugeschrieben wird; und ein anonymes venezianisches Werk *Tarifa zoé noticia dy pexi et mesure di lvoghie e tere che s'adovra marcadantia per il mundo* (Tarif und Kenntnis der Gewichte und Maße von Regionen und Gegenden, die sich in der ganzen Welt dem Handel widmen).

Dieses intellektuelle und kulturelle Rüstzeug entwickelte sich in Richtungen, die der Kirche fremd blieben: es handelte sich um fachlich-technisches Wissen und nicht um theoretische und allgemeine Kenntnisse; um den Sinn für das Individuelle und nicht das Universelle, was zum Beispiel zur Preisgabe des Latein zugunsten der Volkssprachen führte; schließlich um die Suche nach dem Konkreten, Materiellen und Meßbaren.

Die Beunruhigung und Verärgerung der Kirche bezog sich auch auf die Auswirkungen, die der kommerzielle Aufschwung auf die Einschreibungen an der Universität hatte. Die meistbesuchten Fakultäten waren diejenigen, die zu weltlichen oder halbweltlichen, lukrativeren Berufen führten, d.h. die juristische und medizinische Fakultät. Erstere bildete Notare aus, die im 13. Jahrhundert durch die Entwicklung der Handelsverträge immer unentbehrlicher wurden. Zweitere führte zu Berufen wie Arzt und Apotheker und selbst Heilkräuterhändler, die in der bürgerlichen Gesellschaft häufig die obersten Ränge einnahmen.

Y. Renouard hat betont, daß die kaufmännische Kultur zur Säkularisierung und Rationalisierung des Lebens führte. Das Leben war nicht mehr religiös gefärbt. Der Lebensrhythmus gehorchte nicht mehr der Kirche. Für den Kaufmann wurde es zur Notwendigkeit, die Zeit zu messen, während die Kirche, die auf das Ewige achtete, sich dabei als ungeschickt erwies. Für die Geschäftsleute war ein Kalender, der sich nach beweglichen Festen richtete, äußerst unpraktisch. Das religiöse Jahr begann mit einem Datum, das zwischen dem 22. März und dem 25. April lag. Die Kaufleute brauchten jedoch für ihre Berechnungen und zur Aufstellung ihrer Bilanzen feste Bezugspunkte. Unter den liturgischen Festen wählten sie ein zweitrangiges Fest, die Beschneidung Christi, und ließen ihre Konten vom 1. Januar bis zum 1. Juli laufen.

Die Kirche hatte auch die Gebetsstunden nach den Jahreszeiten ausgerichtet. Frühmette, Prim und Angelus richteten sich nach der Sonne und änderten sich während des Jahres. Die Glocken läuteten nach der Sonnenuhr. Der Kaufmann brauchte jedoch ein rationales Ziffernblatt, das in zwölf oder vierundzwanzig gleiche Teile eingeteilt war. Er war es auch, der die Entdeckung und Übernahme von Turmuhren mit automatischem und regelmäßigem Schlagwerk förderte. Florenz hatte seine Turmuhr schon 1325, dann folgten Padua 1334, Mailand 1335, Genua 1353, Bologna 1356 und Siena 1359. Schon 1314 besaß Caen seine »große Turmuhr«, deren Gegenwart durch eine Inschrift unterstrichen wird: »Weil die Stadt mich so unterbringt / auf der Brücke, um als Uhr zu dienen / läute ich die Stunden / zur Freude der einfachen Leute.« Von diesem Zeitpunkt an richtete sich das Leben der Menschen nicht mehr nach den Kirchenglocken, sondern nach der weltlichen Gemeindeuhr. Der Stunde der Kleriker folgte die Stunde der Geschäftsleute.

Wie auch immer ihr Einfluß auf die Entwicklung der Schulbildung aussah, so darf doch nicht angenommen werden, daß die Kaufmannsklasse alle Welt davon profitieren lassen wollte.

Einerseits sah sie sich durch ihre ursprüngliche Spezialisierung sowie die heftige Sorge, ihre berühmten Geheimnisse zu hüten, zu einer internen Lehrlingsausbildung veranlaßt, die die Kaufmannssöhne nach Beendigung der Grundschule im väterlichen Geschäft, bei einem Teilhaber oder einem Geschäftsfreund im Ausland antraten. Diese praktische Ausbildung, die den Söhnen der Kaufmannsbanquiers vorbehalten blieb, macht deutlich, wie gering die soziale Mobilität in der mittelalterlichen Geschäftswelt, entgegen manchen Behauptungen, tatsächlich war.

Andererseits wurden die Kaufleute durch die Unmöglichkeit, ihren Söhnen in den religiösen Schulen eine angemessene technische Ausbildung angedeihen zu lassen, und vor allem durch den schon sehr früh spürbaren Wunsch, ihren sozialen Rang durch die Schultrennung zu unterstreichen, dazu verleitet, Hauslehrer einzustellen, die ihren Kindern in ihrem Haus Privatstunden gaben.

2. Der Kaufmann als Mäzen

Neben ihrer Rolle in der Entwicklung der Schulbildung hatten die Kaufleute gleichzeitig einen großen Einfluß auf die Entwicklung von Literatur und Kunst.

Das Mäzenatentum der reichen, aus Kaufleuten bestehenden Kundschaft ist leicht erklärbar. Das in Auftrag geben und der Kauf von Kunstwerken bedeuteten für den Kaufmann und den Bankier in erster Linie eine Profitquelle, eine Investition. Zumindest einige dieser Kaufleute betrachteten die Werke als »Ware« und »Artikel«. So entwickelte sich, nachdem der Aufenthalt des päpstlichen Hofs reiche Kunden angelockt und somit auch unterschiedliche Stile und Interessen versammelt hatte, in Avignon im 14. Jahrhundert ein bedeutender Markt für seltene Bücher, Gemälde und Tapisserien. Der folgende Brief von Buoninsegna di Matteo, einem Geschäftsteilhaber bei Francesco Datini, an seine florentinischen Geschäftsfreunde, der vom 17. März 1387 stammt, einem Zeitpunkt also, als Avignon schon nicht mehr das Papsttum beherbergte und viel von seiner Bedeutung verloren hatte, illustriert dies.

> »Sie schreiben, daß Sie keine Gemälde zum uns gewünschten Preis finden, weil keine zu so niedrigem Preis angeboten werden. Wenn Sie keine guten Artikel (›cose‹) zu einem günstigen Preis finden, kaufen Sie nicht, denn es besteht hier keine große Nachfrage. Diese Artikel muß man kaufen, wenn der Künstler Geld braucht. Die Entscheidung liegt bei Ihnen, denn wir haben es nicht nötig, mit diesen Artikeln zu handeln, denn man kann diese Dinge nicht jeden Tag verkaufen und außerdem gibt es nicht viele Käufer dafür. Wenn Sie allerdings eines Tages bei der Suche einen guten Artikel von Wert finden, und der Künstler Geld braucht, dann kaufen Sie ihn.
> Wir haben drei von den fünf Stücken verkauft, die Andreas gekauft hat und bei jedem zehn Goldflorins verdient, was einen ausgezeichneten Gewinn darstellt. Wenn der Künstler, von dem er sie gekauft hat, schöne kleine Gemälde hat, die 4, 5 oder 6 Florins bar kosten – sie müssen allerdings gut und preiswert sein – dann kaufen Sie ein oder zwei, aber nicht mehr; vielleicht können Sie noch besser bei einem anderen Künstler kaufen, denn wenn seine Zeichnungen gut sind, sind sie auch gut zu verkaufen. Hier ist die Kundschaft schwierig.«

Es gab große Exportartikel, wie Taufbecken aus Tournai im 12. Jahrhundert, Pariser Elfenbeingegenstände im 14. und 15. Jahrhundert, Alabasterobjekte aus Nottingham im 14. und 15. Jahrhundert sowie Kunstgegenstände aus Messing und Tapisserien aus Arras am Ende des Mittelalters. In den beiden letzten Fällen handelte es sich um Ersatzindustrien, die die traditionellen Konsumindustrien, die sich in einer Krise befanden, ablösten. P. Surreau aus Rouen sammelte im 15. Jahrhundert Manuskripte, die ihm von Schuldnern als Pfand hinterlassen worden waren. Und Jacques Cœur und die Popplau handelten mit Kunstgegenständen.

Die Künstler zu fördern, ihre Werke zu kaufen, ihnen für Kirchen und öffentliche Gebäude Aufträge zu erteilen, war auch gleichsam ein traditionelles Zeichen für Reichtum und sozialen Rang. Im Frühmittelalter waren Grundherren und Kirche die einzigen Kunden der Künstler gewesen. Im Spätmittelalter übernahmen die Neureichen und Mächtigen diese Rolle. Mit ihrem Reichtum, ihrer Bildung und der Besichtigung von Kunstwerken während ihrer Reisen stellte sich bei den Kaufleuten nicht nur der Wunsch nach Luxus, sondern auch ein Sinn für schöne Dinge ein. Wie wir sahen, handelte es sich dabei um eine Kundschaft, die mit zunehmender Verfeinerung immer anspruchsvoller wurde.

Wenn die reichen Kaufleute, die die Städte beherrschten, einen öffentlichen Wettbewerb ausschrieben, um für ihre Stadt ein bestimmtes Kunstwerk zu verwirklichen – wie zum Beispiel die Florentiner, die für die Verzierung der Türen des Dombaptisteriums einen Wettbewerb ausschrieben – dann suchten sie weniger einen Künstler, der die Arbeit preiswert ausführen konnte, als einen, der das schönste Werk herstellen würde. Wenn wir im Bargello die Modelle von Donatello und Ghiberti vergleichen, stimmen wir der ästhetischen Wahl der großen florentinischen Bürger nachträglich zu.

Oft ging es den Kaufleuten nicht nur darum, eine künstlerische Aufgabe zu erfüllen, sondern durch ihre Wohltätigkeit gleichsam eine soziale Funktion auszuüben. Ihnen war an wirkungsvollen Mitteln zur Beeinflussung des Volkes gelegen; an der Kontrolle von Literatur, um Gedichte und Pamphlete anzuregen, die der Person des Kaufmanns, seinem Beruf und seiner Politik günstig gestimmt waren, und an der Kontrolle von darstellender Kunst, deren Themen ihren Intentionen und Aspirationen entsprechen mußten. Indem man es mit Wunderlichem und Vergnüglichem abspeiste, konnte das Volk zufriedengestellt werden und vermieden werden, daß es sich zu sehr für die Politik interessierte oder zu sehr über seine soziale Lage nachdachte. Als Instrument der »Ablenkung« erwies sich das Mäzenatentum der Kaufleute als ebenso wirkungsvoll wie einst die Politik des *panem et circenses* der römischen Patrizier und Kaiser. Mit dem Medici Lorenzo der Prächtige, der sich dieser Politik meisterhaft zu bedienen wußte, erreichte das Mäzenatentum im 15. Jahrhundert seinen Höhepunkt.

Es verwundert nicht, daß das künstlerische Werk der kaufmännischen Mäzene manchmal die Volkswut schürte. Während der Aufstände und revolutionären Bewegungen war es eines der ersten Ziele des aufständischen Volkes, die Häuser der Reichen, das Symbol ihrer Herrschaft, zu zerstören. Der italienische Dominikaner Girolamo Savonarola (1452–1498) hat seinen Ikonoklasmus, der sich gegen die in dieser Kunstpolitik der Medici zum Ausdruck kommende Form von Unterdrückung richtete, sehr einleuchtend erklärt. Der revolutionäre Vandalismus war bereits im Mittelalter eine politische Haltung gewesen, d.h. ein Protest des Volkes gegen die Politik ihrer Herren, die darüber hinaus wenig bemüht waren, dem Volk eine künstlerische Erziehung angedeihen zu lassen.

Und schließlich brachten die reichen Kaufleute den Künstlern, die sie beschäftigten, nur ausnahmsweise eine gewisse Achtung entgegen. Nur die Dichter, Gelehrten und Philosophen wurden besonders im 15. Jahrhundert von einigen Kaufleuten mit Geschenken und Ehrungen überhäuft. Meistens betrachteten die Kaufleute sie nur als Domestiken oder höchstens als Handwerker, deren Werke sie wie andere Waren kauften. Die Arbeit der Maler, Architekten und Bildhauer galt nur als Handarbeit und war somit nicht sehr anerkannt. Der Meistertitel, den sie trugen, bedeutete nichts anderes als »Werkmeister« oder »Handwerksmeister«. Schon im 12. Jahrhundert empfanden die im Dienst des reichen Handelsbürgertums befindlichen Jongleure das drückende Gefühl ihrer Abhängigkeit. Der Autor eines Gedichtes zu Ehren der Kaufleute gesteht kleinlaut, daß er ihr Loblied nur gezwungenermaßen singt, denn ohne den Kaufmann würde der Jongleur am Hungertuch nagen. Wenn sich eine Reihe von Künstlern, besonders die Humanisten des 15. Jahrhunderts, freiwillig in den Dienst der großen Kaufmannsfamilien begab – darin waren sie Vorläufer der schriftstellerischen Höflinge der monarchischen Epoche –, so waren sich manche Künstler auch ihrer Situation als Arbeitnehmer und Lohnempfänger bewußt. Das gilt zum Beispiel für den italienischen Maler Gherardo Starnina (gest. um 1409), der aktiv am Aufstand der »Ciompi« (Wollkämmer) in Florenz teilnahm und anschließend ins Ausland gehen mußte.

3. Die bürgerliche Kultur

Will man die genauen Beziehungen zwischen den Kaufleuten, ihrer Mentalität, ihren Zielen, ihrer Politik und den Werken, die sie in Auftrag gaben, herausarbeiten, so ist Vorsicht geboten. Die Kunstsoziologie, die einen wichtigen Beitrag zur Erneuerung der Kunstgeschichte geleistet hat, ist sich weder ihrer Methoden noch ihrer Prinzipien sicher und ist weder vor Fehlgriffen noch vor verwegenen, aber gefährlichen Behauptungen gefeit. Es darf nicht vergessen werden, daß das Mäzenatentum der Bankiers und der Kaufleute sich nicht immer in für diese Klasse von Auftraggebern charakteristischen Werken niederschlug.

Noch am Ende des Mittelalters war es vor allem die Religion, die Inhalte und Formen der Kunst maßgeblich prägte. Die Kirche übte weiterhin über die literarische und künstlerische Produktion eine Kontrolle aus, die dem »bürgerlichen Geist« der kaufmännischen Kundschaft durchaus nicht immer entsprach. Als der florentinische Kaufmann Buonamico di Lapo Guidalotti nach der großen Pest von 1348 von Andrea da Firenze die Sühnefresken in der Spanischen Kapelle von Santa Maria Novella malen ließ, war das Thema des Werkes ein Triumph für die Kirche und ihre treuen Helfer, die Dominikaner. Die Bourgeoisie beschränkte sich darauf, der Sache der Kirche zu dienen. Diese diente ihrerseits der Bourgeoisie dadurch, daß sie eine das Bürgertum stabilisierende soziale Ordnung sicherte und das bestehende wirtschaftliche und gesellschaftliche Gefüge nicht in Frage stellte.

Schließlich mußte auch mit der Unabhängigkeit der Künstler gerechnet werden: Wie stark sie auch an die Bedingungen ihrer Arbeitgeber gebunden waren, die oft das Thema und die Ausführung ihrer Aufträge bis ins Detail vorschrieben, so blieb das Genie des Künstlers letztlich doch oft Herr über den Kern des Werkes. Manchmal kamen die kritischen Absichten des Künstlers gegenüber seinen Arbeitgebern auch auf versteckte Weise zum Vorschein. Es gehört mit zu den schwierigsten Aufgaben der Kunstsoziologen, diese versteckten Absichten ausfindig zu machen, ohne mit phantasievollen Erklärungen Mißbrauch zu treiben. So stellt sich etwa die Frage, ob die toskanischen Maler der zweiten Hälfte des 14. Jahrhunderts, die den traditionellen gotischen Stil wieder zur Ehre brachten und Themen wie das Einsiedlerdasein in der Wüste, den gottlosen Schächer am Kreuz, die Auferstehung Christi aufnahmen, damit einer populären Protestbewegung Ausdruck verleihen wollten? Darin Themen des Protests und der Revolution sehen zu wollen, bleibt wenigstens beim gegenwärtigen Stand unserer Kenntnisse eine gewagte Spekulation.

Ebenso muß bedacht werden, daß das Handelsbürgertum nicht immer eigene Geschmacksvorstellungen hatte. Anfangs mag dieser Mangel an originellem Geschmack, der die Neureichen zwang, die Kunstvorstellungen der herrschenden, traditionellen Klassen zu übernehmen, an ihrem fehlenden Kunstverstand gelegen haben. Später verhinderte der Wunsch des Bürgertums, beim Adel Einlaß zu finden und den Abstand zwischen alter und neuer Aristokratie zu verwischen, die Herausbildung eigener Kunsttendenzen.

Da der erfolgreichste Weg zur Adelung darin bestand, zunächst einen »adligen Lebensstil« anzunehmen, bot kaum ein anderer Bereich eine bessere Gelegenheit zur Imitation dieses Lebensstils als Literatur und Kunst. Wie erfolgreich die Kaufleute auf diesem Gebiete den adligen Lebensstil alsbald nachzuahmen wußten, wird deutlich, wenn man Genua, »das Diffusionszentrum der provenzalischen Dichtkunst in Italien«, betrachtet. Die Mitglieder der größten genuesischen Kaufmannsfamilien – ein Calega Panzano, ein Luccheto Gattilusio – sangen und dichteten auf provenzalische Art, und zwar im »dolce stil nuovo«, in dem man eine der aristokratischsten, raffiniertesten und »ästhetischsten« Formen der Dichtkunst gesehen hat. Ein venezianischer Geschäftsmann, Bartolomeo Zorzi, der in Genua im Gefängnis saß, widmete einen Teil seiner erzwungenen Freizeit poetischen Duellen mit dem Genueser Bonifacio Calvo.

Das Handelsbürgertum kultivierte schon früh die höfische Dichtung, in der man die zarte Blume der Kunst in einer dekadenten Seigneurialgesellschaft gesehen hat. Man hat darauf hingewiesen, daß das Patriziat von Arras an der poetischen Bewegung der Stadt im 13. Jahrhundert seinen Anteil hatte. Mathieu le Tailleur, der aus einer reichen Bankiersfamilie stammte, frönte der Dichtung, wie alle Kaufleute, die sich für ein neues literarisches Genre interessierten, nämlich das Streitgedicht, d.h. eine poetische Diskussion der amourösen Kasuistik, bei der man sich zum Beispiel fragte, ob es »trauriger ist, mit einem Menschen, den man liebt, das Ehebündnis einzugehen, als ihn sterben zu sehen.« Die Kaufleute waren große Förderer der literarischen Gesellschaften, die man im 15. Jahrhundert in den normannischen »Puys« wie in den flämischen »Rhetorikkammern« oder den platonischen Zirkeln in Florenz antrifft. Wenn man in der epischen Dichtung in einem Heldenlied – *Enfances Vivien* – den Antagonismus zwischen der adligen und kriegerischen Psychologie und der kaufmännischen und pragmatischen Mentalität antrifft, so können in einem anderen – *Henri de Mes* – beide in ein und derselben Person verschmelzen, wie es zum Beispiel bei dem Kaufmann Thierry der Fall ist, den der Herzog von Lothringen zu seinem Schwiegersohn und Erben macht.

Puis fu il si chevaliers de grant pris
Qu'il fist les Wandres a grant dolour morir;
Car il venga le baron saint Remi
Et saint Nicaise l'archeveske gentil.

(Er war ein Ritter von so großem Wert,
daß er den Wandalen einen schmerzhaften Tod bereitete;
denn er rächte sich für den Baron Saint Rémi *
und Saint Nicaise, den sanften Erzbischof.)

Soll das heißen, daß es in der Literatur und der Kunst keinen spezifischen Einfluß des Handelsbürgertums gab?

Die Architektur

Der bürgerliche Einfluß machte sich zuerst in der Architektur bemerkbar. Im Frühmittelalter hatten zwei Arten von Bauwerken einen Aufschwung erlebt: der Herrenwohnsitz, die Burg einerseits und das religiöse Gebäude, die Kirche andererseits. Von da an entwickelten sich zwei andere Kategorien von Bauwerken: die öffentlichen Bauwerke und das Patrizierhaus, welches nur langsam seinen aus dem Mittelalter stammenden militärischen Charakter ablegte. Schutzgedanke und Prestigewunsch hatten die ersten reichen Stadtbewohner dazu geführt, mit Türmen versehene Häuser zu bauen, wie sie in San Gimignano heute noch zu sehen sind. Die Türme sind ein deutliches Zeichen für die Orientierung der reichen Bourgeoisie am Adel. Nachdem sie Grundbesitzer geworden waren, ließen Metzer Kaufleute ihren Hof befestigen, wie zum Beispiel Perrin Anchier zwischen 1313 und 1325 in Ladonchamps und die Hesson um 1318 im Herrengut von Brieux. Von Italien griff dieser Brauch nach Deutschland über: in Regensburg

---

* Saint Nicaise und Saint Rémi waren Bischöfe von Reims im 5. Jahrhundert. Saint Nicaise wurde von den Wandalen ermordet, während Saint Rémi dieses Schicksal erspart blieb. (A. d. Ü.)

hatten im 15. Jahrhundert ungefähr vierzig Bürgerhäuser ihren Turm. Bald verlor der Patrizierpalast viele seiner militärischen Züge. In Florenz allerdings ähnelten die Paläste der Medici und Strozzi noch lange einer Festung, da man hier einerseits Aufstände und Umstürze fürchtete und andererseits bemüht war, die interne Aktivität des Kaufmanns wie ein Geheimnis zu hüten. In Siena waren viele Paläste großer Kaufmannsfamilien, wie zum Beispiel der Palast der Salimbeni, noch mit Zinnen versehen. Überall fand jedoch eine Öffnung der reichen Patrizierhäuser nach außen hin statt, und zwar durch Fenster, Galerien und Loggien, in denen die Kaufleute ihren Mitbürgern das prächtige Theater ihrer Familienfeiern darboten: Hochzeiten und Beerdigungen – ein Beispiel ist die Loggia der Guinigi in Lucca. Das Bemühen um Eleganz zeigte sich vor allem in den bewundernswerten Innenhöfen, in denen sich der Geist der Renaissance zum ersten Mal bemerkbar machte. Die Anmut und der prachtvolle Reichtum der Fassaden kam am eindrucksvollsten in Venedig zum Ausdruck, das sich weder vor Krieg noch vor Aufständen innerhalb seiner eigenen Mauern zu fürchten brauchte. Davon zeugt noch immer der außerordentliche Schmuck aus Marmor und Stein, der entlang den Ufern des *Canale Grande* zu sehen ist.

Die Malerei

Auch die Malerei ist durch das Mäzenatentum der Kaufleute geprägt worden. In den Kirchen zeugen davon die Kapellen, in denen die großen Kaufmanns- und Bankiersfamilien ihre Privatfeiern veranstalteten, in denen ihre Beerdigungen stattfanden und deren Wände sie mit Fresken verzieren ließen: wie zum Beispiel die Kapelle der Peruzzi und Bardi in *Santa Croce*, die Scrovegnikapelle in Padua, in der Giotto seine Kunst entfaltete, die Kapelle der Strozzi und Pazzi in *Santa Maria Novella*, die Brancaccikapelle in *Santa Maria de Carmine*, in der Masaccio die Freskenkunst revolutionierte, die Kapelle im Medici-Palast, in der Benozzo Gozzoli die Mitglieder der berühmten Familie in seiner Dreikönigenfreske darstellte, die Hauptchorkapelle in *Santa Maria Novelle*, in der Ghirlandaio die reinen und würdigen Züge der Frauen der Familie Tornabuoni gemalt hat.

Auch auf die Portraitkunst übte die kaufmännische Kundschaft einen tiefgreifenden Einfluß aus. Fromme Gefühle und Prestigestreben drängten auch den Kaufmann dazu, sich auf den Gemälden darstellen zu lassen. Mit dem Adligen und dem hochgestellten Kleriker teilte der Kaufmann den Wunsch, als Stifter zu erscheinen und sich verewigen zu lassen. Manchmal nimmt er an der im Gemälde gezeigten Handlung teil, wie in Memlings Triptychon *Das letzte Gericht*, wo Tommaso Portinari und seine Frau vom Erzengel Michael gewogen werden. Aber die Kaufleute hegten mehr als alle anderen Menschen den Wunsch, ihre verewigte Gegenwart ihren Zeitgenossen und der Nachwelt aufzuzwingen. Es reichte ihnen nicht aus, sich mit ihren Berufsattributen darstellen zu lassen, was ohnehin selten vorkam, wie der berühmte *Goldwäger und seine Frau**, oder, was häufiger war, umgeben vom Luxus ihrer bürgerlichen Innenausstattung, wie es im berühmten Gemälde von Van Eyck, *Arnolfini und seine Frau* zu sehen ist. Da sie nicht wie Adlige, Bischöfe und Äbte Rüstungen, Embleme, Mitren und Kreuze vorzuweisen hatten, die den sozialen Rang symbolisierten, achteten sie sehr viel mehr auf die genaue Wiedergabe ihrer Züge. Der Realismus des Portraits, der anderen Entwicklungsgründen der Malerei entsprach, spiegelt auch den Wunsch des kaufmännischen Auftraggebers nach Anerkennung wider, und zwar dank der bildlichen Ähnlichkeit. Er wollte nicht mit einem anderen verwechselt werden, wie er auch in seinen Geschäften die Originalität und den Wert seines kaufmännischen Namenszuges unterstrich.

Auf den Bildern ließ er sich gerne in der gediegenen Einrichtung seiner Wohnung darstellen, mit den wertvollen Möbeln und

---

* Gemälde von Quinten Massys. Auch *Der Geldwechsler und seine Frau* genannt (1514), (A. d. Ü.)

Die Dichter aus Arras hatten schon seit dem 13. Jahrhundert die Frauen der reichen Bankiers der Stadt besungen. Das Testament von Jeanne Socquel beschreibt ihre Kollektion von Mänteln mit samtenen Kapuzen in allen Farben, ihre Pelze, ihre Kleider und perlenbestückten Gürtel. Gegen das massive Eindringen des Luxus waren die von strengen Geistlichen, verbitterten Alten und neidvollen Adligen angeregten Luxusgesetze machtlos. Vergeblich untersagte Philipp der Schöne 1314 den Bürgern und Bürgerinnen, teure Pelze zu tragen. Vergeblich beschloß die Gemeinde von Pistoia 1332–33 Maßnahmen gegen die weibliche Toilette, den Luxus der Geschenke und der Hochzeitsfeste und die Pracht der Beerdigungsfeiern; vergeblich inspirierte die heilige Katharina von Siena die Stadt zu ähnlichen Maßnahmen, vergeblich versuchte Florenz nach der Großen Pest die Freigebigkeit der Überlebenden zu drosseln und vergeblich versuchte Venedig, eine Spezialbehörde zur Reglementierung des Luxus einzurichten. Und vergessen wir nicht die gastronomische Kunst, die mit der Verfeinerung des Geschmacks und der Übernahme von ausländischen Gerichten und Rezepten fortschritt – das wird durch zahlreiche, uns überlieferte Kochbücher bezeugt. In Rouen etwa nahm am Ende des 15. Jahrhunderts der Verbrauch von Zucker und Früchten aus dem Mittelmeerraum im reichen Handelsbürgertum an Bedeutung zu.

Der Handel profitierte sehr oft von diesem Luxus. So stieg die Nachfrage im 14. und 15. Jahrhundert insbesondere für zwei Waren beträchtlich an: zum einen für Pelze, die über die Hansestädte oder die italienischen Kontore am Schwarzen Meer aus dem Norden und Rußland nach Europa kamen; zum anderen für Safran, das, wie A. Petino hat zeigen können, im Spätmittelalter für die Färberei, die Parfümerie, die Medizin und Kochkunst sehr an Bedeutung gewann.

Die Kunstsoziologie und der Kaufmann

Wenn man über diese Beobachtungen zum oft äußerlichen Einfluß der kaufmännischen Kundschaft auf die künstlerische Entwicklung hinausgeht, wie dies die Kunstsoziologie mit ihren zuweilen zweifelhaften Hypothesen versucht, so treten eine Reihe von Problemen auf. Frédéric Autal glaubte zum Beispiel in den Themen und Stilen der toskanischen Malerei des 14. Jahrhunderts und des beginnenden 15. Jahrhunderts die Gegensätze zu erkennen, die dem Antagonismus zwischen der Klasse des reichen Handelsbürgertums und der demokratischen Klasse des kleinen Handwerksbürgertums entsprachen, das gelegentlich vom Arbeiterproletariat und den Bauern unterstützt wurde. Die Sichtweisen der ersten Klasse triumphierten in der Malerei mit Giotto. Die Humanisierung der Religion, die Verbürgerlichung in der Darstellung des Lebens Christi und der Jungfrau, die Abflachung des franziskanischen Geistes durch einen Künstler, der selbst ein reicher und harter Kapitalist wurde und ein Gedicht gegen die Armut schrieb, und das Auftreten eines vertrauten, narrativen und deskriptiven Stils sollen den Einfluß des bürgerlichen Geistes in der Malerei von Giotto und nach Giotto verraten, also in der Malerei der reichen florentinischen Familien. Dagegen soll der ökonomische und politische Rückgang dieser Klasse nach 1348 während ungefähr eines Vierteljahrhunderts die Mode des gotischen, symbolischen und lyrischen Stils, also des Stils der demokratischen Reaktion, zurückgebracht haben. Durch eine Analyse der florentinischen und sienesischen Malerei nach der Schwarzen Pest hat auch M. Meiss versucht, im Zusammenbruch der Gesellschaft und besonders des reichen Handelsbürgertums das Auftreten eines neuen Stils zu entdecken, der sich von Giotto befreite und seine Anregungen direkt aus den Ereignissen und den damit verbundenen gefühlsmäßigen Reaktionen schöpfte.

Pierre Francastel unternahm den Versuch, Malerei und Gesellschaft im Italien des 15. Jahrhundert auf der tieferen Ebene der bildlichen Strukturen miteinander in Verbindung zu setzen. Das Auftreten einer neuen Sichtweise und einer neuen Darstellungsweise der Wirklichkeit – der Raum der Renaissance –, was man traditionellerweise als die Entdeckung der Perspektive bezeichnet, ist nur als Funktion des technischen, ökonomischen und intellektuellen Fortschritts des Großbürgertums erklärbar. Wir sahen, wie es den Raum materiell eroberte und wie es bemüht war, ihn zu verstehen, zu beherrschen und zu messen. Die Domestizierung des Raums durch die Kaufmannsklasse vollzog sich auch in der italienischen Malerei des Quattrocento, dessen Künstler von der bürgerlichen Kundschaft abhängig waren. F. Brancacci, der von Masaccio die revolutionären Fresken der Carminekapelle malen ließ, war einer der ersten Konsuln des Meeres in Florenz, ein Mann von weiten Horizonten, der bis nach Ägypten gereist war. Auf diese Weise erweiterten sich auch die Horizonte der Malerei. Von diesem Zeitpunkt an hatte der bildliche Raum, der durchmessen und durchquert werden konnte, einen menschlichen Maßstab, während die gotische Perspektive einer flachen, synchronischen, auf Ewigkeit zielenden Sichtweise entsprach, also Gott anvisierte. Auch in diesem Bereich traten Verweltlichung, Humanisierung, Rationalisierung zutage, und dafür war weitgehend der Kaufmann verantwortlich.

Die Literatur

Ebenso riskant ist es, genau den Einfluß bestimmen zu wollen, den der kaufmännische Mäzen auf die Form der mittelalterlichen Literatur hatte. Einige Genres, die sich im städtischen Milieu ab dem 12. Jahrhundert entwickelten, sind als bürgerliche Literatur bezeichnet worden. Es bedürfte jedoch genauer Studien, um zu bestimmen, was in den Fabliaux, den Sprüchen und Moralitäten von einem neuen Geist zeugt, der von einer neuen sozialen Klasse getragen wurde. Es handelte sich um eine pragmatische Moral, die aus Vorsicht und praktischem Gemeinsinn bestand und mit der Erhaltung des Geldes, des Eigentums, der Familie und der Gesundheit verbunden war – eine Moral von Besitzenden und Händlern; es war die Freude am Moralisieren, die man jedoch von der religiösen Predigt unterscheiden muß, nicht nach ihrer Form, was einfach ist, sondern nach ihrem Inhalt, was schwierig ist, denn es gab sowohl Moralprediger als auch Prediger der bürgerlichen Moral. Es war die Freude am realistischen und vertrauten Detail, die von einer Klasse geteilt wurde, die der materiellen Ausstattung des Lebens verbunden und empfänglich für die Freude an der Komik, der etwas schwerfälligen Ironie und selbst der Burleske war. Mit ihrer Verspottung der sozialen Bedingungen und ihrer oft menschenfeindlichen Kritik war die mittelalterliche Farce vielleicht eher bürgerlich als volkstümlich. Es war eine Literatur von Leuten, die Seite an Seite und doch im Wettbewerb miteinander lebten, die sich gegenseitig beobachteten, bedauerten und anschwärzten.

Der Humanismus

Was der entstehende Humanismus dem Mäzenatentum der Kaufleute, ihrer Geisteshaltung und ihrem Bedürfnis nach Rechtfertigung ihrer irdischen Position verdankte, ist ausführlich beschrieben worden. Die Kaufleute lieferten der humanistischen Literatur, genauer der italienischen Literatur des Quattrocento, vor allem drei große Themen:

Zum einen das Thema des Reichtums, als Quelle der Tugenden, der Erfüllung, des auserlesenen Genusses und der göttlichen Zustimmung. Nach Leonardi Bruni machte vor allem Poggio Bracciolini, ein Vertrauter der Medici, aus dem Reichtum den sichtbaren Ausdruck des menschlichen Handelns.

Zum andren das Thema des Glücksfalls, welches durch seine Verbindung der Idee des Reichtums mit der Idee des Zufalls und des Sturms die Handlungsstrukturen und Ideale des Kaufmanns vortrefflich versinnbildlicht. Seit A. Warburgs Studie ist bekannt, daß der Kaufmann dieses Thema gern von den Künstlern, die er beschäftigte, behandeln ließ. Es ist überall anzutreffen: auf den Waffen, an der Fassade des Rucellai-Palastes, auf dem Boden der Kathedrale von Siena.

Und schließlich das Thema der »virtu«, der Kraft, des Ausdrucks der Persönlichkeit und der Quelle des irdischen Erfolgs. Es gab die *virtu* des Geschäftsmannes, der mit den Elementen, den Menschen, den Waren und dem Geld rang. Folgt man Poggio Bracciolinis Ausführungen im *Liber de Nobilitate*, so zwingt die *virtu*, gestützt auf den Reichtum, das Glück zum Gehorsam.

Nicht immer beschränkten sich die Kaufleute durch ihre Aufträge darauf, indirekt an der Bewegung teilzunehmen, die schließlich im Bereich der Moral und der Kunst in den sogenannten modernen Geist mündete. Viele von ihnen waren selbst kultivierte Kunstliebhaber und sogar Dichter und Philosophen. Lorenzo der Prächtige war das glänzendste Beispiel.

Aber auch hier trifft man wieder auf das bereits angeschnittene Generationenproblem. Der humanistische Kaufmann war oft weniger am Geschäft interessiert, entzog seinen kommerziellen Unternehmungen, was er in seine künstlerischen Interessen investierte, und gab für Luxus aus, was er einst in Waren investiert hatte. Das war vielleicht ein Zeichen der Dekadenz, aber auch hier war die kulturelle Rolle zugleich Ursache und Wirkung. Wenn damit einerseits der Niedergang der Geschäfte betont wurde, so entwickelte sie sich andererseits oft erst, weil die Geschäfte bereits zurückgegangen waren. Das angehäufte Geld wurde in kulturelle Güter investiert; dieser neue Markt, der durch die wirtschaftliche Krise, die Beschränkung der Handelshorizonte und die mangelhafte Anpassung der professionellen Organisation an die neuen Bedingungen hervorgerufen wurde, konnte also ein Motiv für materielle, und nicht nur intellektuelle Spekulationen sein. Das Mäzenatentum der großen Kaufmannsbankiers war oft ein Teil der Kulturpolitik der Städte, dazu bestimmt, ihre Wirtschaft wieder zu beleben. In dem Augenblick, als die Handelswege an ihnen vorbeiführten und ihre angehäuften Reichtümer nicht mehr in traditionelle Unternehmungen investiert werden konnten, begannen die Städte, ihr Geld für Verschönerungen auszugeben. Aber dieser Glanz war nicht bloß der Höhepunkt eines schnell erlöschenden Feuerwerks. Er war manchmal auch der Ausgangspunkt für die Entwicklung des Tourismus, der Pilger und Reisende anziehen sollte – eine Quelle neuen Reichtums, und somit allein Indiz für eine ökonomische Umstellung.

4. Der Kaufmann und die Stadtkultur

Das Mäzenatentum der mittelalterlichen Geschäftsleute ist vor allem in diesem städtischen Rahmen zu sehen.

Sie dachten sehr oft an ihre Stadt, die in ihren Überlegungen und Gefühlen die oberste Stelle einnahm. Der städtische Patriotismus der Kaufleute beruhte natürlich auch auf Eigeninteresse. Ihre Stadt war das Zentrum und die Grundlage ihrer Geschäfte und ihrer Macht. Wenn die Stadt den Kaufleuten viel verdankte, so verdankten sie ihr ebenfalls viel. Sie wußten, daß sie eine der Fundamente ihrer Stärke war. Im Ausland formten sie sehr bald eine Einheit nach ihrem Vorbild. Die Nationen der ausländischen Kaufleute mit ihren politischen Organisationen, ihrer korporativen Organisation, ihren Bruderschaften und ihren Festen zu Ehren der Heiligen ihrer Heimat, lebten zusammen in einem Viertel der fremden Stadt und ließen dort das Vaterland, das sie verlassen hatten, dem sie aber weiterhin noch dienten, wieder aufleben. In Brügge gab es ein kleines Florenz, ein kleines Genua und ein kleines Lucca. Und wenn ein Kaufmann keinen »Faktoren«, keinen persönlichen Vertreter am fremden Ort hatte, wandte er sich an einen Landsmann. Die Medici gaben ihren Untergeordneten strikte Anweisungen hinsichtlich der Geschäftsfreunde, an die sie sich zu wenden hatten, wenn das Haus keine Zweigstelle am Ort hatte. Sie waren alle Florentiner.

Natürlich blieb der Patriotismus nicht immer bestehen. Er hielt nicht immer zuwiderlaufenden Interessen stand, und mit der Zeit mußte er nachlassen. Anfangs zögerten die Kaufleute nicht, Waffen zu tragen, zu kämpfen und ihr Leben für ihre Stadt zu lassen. Als Siena 1260 gegen Florenz kämpfte, am Vorabend des bedeutenden Sieges von Montaperti, kämpften die Kaufleute mit ihrem Geld – Salimbene dei Salimbeni spendete der Gemeinde 118000 Florins für die Kriegsanstrengungen –, und mit ihrer Person – das Haupt der reichsten sienesischen Bankiersfamilie,

Orlando Bonsignori, wurde eingezogen, und Arnaldo Peruzzi, der große florentinische Kaufmann, fiel in der Schlacht gegen Kaiser Heinrich VII. Als bedeutende Vertreter ihrer Städte waren die reichen Kaufleute aufgerufen, sie noch bis in die tragischsten Umstände hinein zu repräsentieren. Zu Beginn des 13. Jahrhunderts, nach dem Sieg von Philipp August über Johann ohne Land bei Bouvines (1214), gehörte Uten Hove zu den Geiseln, die Gent an Philipp August auslieferte; aus dem 14. Jahrhundert ist die berühmte Geschichte der Bürger von Calais* bekannt.

Mit der Zeit weigerten sich die Kaufleute jedoch, Soldaten zu werden. Der Umfang ihrer Geschäfte erlaubte es ihnen nicht mehr, ihre Zeit im Krieg zu verlieren, und der Umfang ihres Reichtums ermöglichte ihnen, sich loszukaufen. Sie griffen also auf Söldner und das System der *condotta* zurück. Der Kaufmann machte Geschäfte und bezahlte den Kondottieri für den Krieg und wurde so zur Zivilperson. Als sich am Ende des Mittelalters die zentralisierten Staaten ausbildeten, übertrug der Kaufmann, auch wenn er für seine Aktivitäten einen erweiterten Rahmen gefunden hatte, seine Liebe für das kleine städtische Vaterland nicht immer auf die aufsteigenden großen Vaterländer. Nachdem Karl VII. das französische Königreich von den Engländern zurückerobert hatte, mußten viele der Kaufleute, die »Kollaborateure« gewesen waren, entweder die Farbe wechseln oder sie wurden zur Ader gelassen.** Und einige Jahre später zögerte der berühmte Jacques Cœur, Finanzverwalter des Königs von Frankreich, nicht, an den Feind, den König von Aragonien, geheime Informationen weiterzuleiten, die für den großen Finanzier geschäftsfördernd sein konnten. Die Epoche der großen Kapitalisten als internationalistischer Machtfaktoren wurde so bis zu dieser äußersten Grenze des Verrats eingeläutet. Sie waren

---

*Als Eduard III. von England die Stadt belagerte, boten sich 1347 sechs Bürger als Geiseln an, um ihre Stadt vor der Zerstörung zu retten. (A.d.Ü.)

** M. Mollat hat einen von ihnen, Schan Marcel aus Rouen, trefflich dargestellt.

Untertanen in einem Königreich des Geldes, das nur solche Grenzen kannte, die ihre Interessen begünstigten.

Während des gesamten Mittelalters kam die Liebe der Kaufleute zu ihrer Stadt vor allem in der Sorgfalt zum Ausdruck, mit der sie sie verschönerten. Manchmal zwang der Kaufmann seiner Stadt sogar sein Projekt auf.* Die Wiener Neustadt ist dafür ein eindrucksvolles Beispiel. Überall trugen die Kaufleute zur baulichen Verschönerung der Stadt bei, vor allem durch ihre Häuser, die schönen Paläste, aber auch durch professionelle und korporative Bauten wie die *Halles* von Ypern und Brügge, die *Poorterslogie* von Brügge, die *Loggia della Mercanzia* von Siena, den Saal des *Collegio della Mercanzia* von Perugia, das Haus der *Arte della lana* in Florenz und vor allem *Or San Michele* und ihre Statuen von Schutzheiligen der Kaufleute. Sie verschönerten die Stadt ebenso durch die religiösen Denkmäler, die sie erbauen oder verzieren, durch die herrlichen Fresken, die sie malen ließen, durch die Ausschmückung der Domkapitele, wie zum Beispiel das der Waidhändler in der Kathedrale von Amiens, durch Medaillons wie auf dem Kampanile von Florenz, eine wahre Enzyklopädie der Gewerbe, oder durch Kirchenfenster wie im eleganten Schiff der Jacques-Cœur-Kapelle in Bourges. Schließlich verschönerten sie ihre Städte auch durch die Gemeindebauten, in denen sich ihre politische Macht entfaltete. Rathäuser und Bergfriede in Flandern, Gemeindepaläste und Kampanile in Italien, wie wir sie zum Beispiel auf der *Piazza del Campo* in Siena vor dem 102 Meter hohen Torre del Mangia und im prachtvollen *Palazzo Pubblico* finden können, in dessen Inneren Ambrogio Lorenzetti das Regiment der Kaufleute im größten profanen Bildzyklus des Mittelalters rühmte.

In diesem städtischen Glanze, der bis heute erhalten geblieben ist, müssen wir uns den mittelalterlichen Großkauf-

---

* Bei H. Planitz heißt es, daß im 13. Jahrhundert »der Markt nicht nur der Mittelpunkt der Stadt sein mußte, sondern, daß die Stadt von diesem zentralen Punkt aus aufgebaut war.«

mann vorstellen. Werfen wir zum Schluß einen Blick auf diesen Kaufmann, so wie er auf dem berühmten Fresko der Brancaccikapelle dargestellt ist: Wir sehen ihn in prachtvoller Kleidung stolz umherschreiten zwischen den florentinischen Bauwerken des Quattrocento, das ihm soviel verdankt, und der erbaulichen Gruppe um den heiligen Petrus, der Tabitha wieder zum Leben erweckt. Dort inmitten seines Ruhms und seiner Eitelkeit grüßen wir ihn ein letztes Mal.

BIBLIOGRAPHIE

1. *Gesamtdarstellungen*

Braudel, F., *Sozialgeschichte des 15. bis 18. Jahrhunderts*, 3 Bde., 1990

ders., *Die Dynamik des Kapitalismus*, 1986

Carus-Wilson, E. M., *Medieval Merchants Venturers*, 1954

Favier, F., *De l'or et des épices. Naissance de l'homme d'affaires au Moyen Age*, 1987

Lestocquoy, J., *Aux origines de la bourgeoisie: Les Villes de Flandre et d'Italie sous le gouvernement des patriciens*, 1952

Lopez, R. S., *La révolution commerciale dans l'Europe médiévale*, 1974

Lopez. R. S. / I. W. Raymond, *Medieval trade in the mediterranean world*, 1955 (Dokumente mit Einführung und Anmerkungen)

Malowist, M., *Studia z dziejow w okresie kryzysu feudalizmu w Zachodniej Europie w XIV i XV w*, 1954 (mit Resümee in Französisch)

Pirenne, H., *Wirtschafts- und Sozialgeschichte Europas im Mittelalter*, 1982

Postom, M. M., *Medieval trace and finance*, 1973

Recueil de la Société Jean Bodin, Bd. 5, *La Foire*, 1953

Renouard, Y., *Les hommes d'affaires italiens du Moyen Age*, 1968

Romero, *La Revolucion burguesa en el mundo feudal*, 1967

Sapori, A., *Le marchand italien au Moyen Age*, 1952 (ausführliche Bibliographie)

Sieveking, H., »Der Kaufmann im Mittelalter«, in: *Schmollers Jahrbuch für Gesetzgebung, Verwaltung und Volkswirtschaft*, 1928

The Economic History of Europe, III. Economic Organization and Policies in the Middle Ages, 1963

Wallerstein, J., *Capitalisme et économie – monde (1450–1650)*, 1980

Wolff, Ph., *Automne du Moyen Age ou printemps des temps nouveaux? L'économie européenne aux XIVe et XVe siècles*, 1986

2. *Geschichte des Handels*

Boiteux, A., *La fortune de mer. Le besoin de sécurité et les débuts de l'assurance maritime*, 1968

Edler, F., *Glossary of medieval terms of business. Italian series. 1200–1600*, 1934

Garzella, G., Ceccareli Lemut, M. L., Casini, B., *Studi sugli strumenti di scambio a Pisa nel medioevo*, 1979.

Hilaire, J., *Introduction historique au droit commercial*, 1986

Hocquet, I. Cl., *Le sel et la fortune de Venise*. 2 Bde., 1978–1979, 1982 (2)

ders., *Voiliers et commerce en Méditerranée, 1200–1650*, 1979

The Dawn of Modern Banking. Center for Medieval and Renaissance Studies. University of California, Los Angeles, 1979
Melis, F., *Storia della ragioneria*, 1950
Roover de, R., *Business, Banking and Economic thought in Late Medieval and Modern Europe: selected studies*. Hg. von J. Kirschner, 1974
ders., »Aux origines d'une technique intellectuelle: la formation et l'expansion de la comptabilité à partie double«, in: *Annales d'Histoire économique et sociale*, 1937
ders., *Money, Banking and Credit in medieval Bruges*, 1948
ders., *L'évolution de la lettre de change (XIV–XVIII siècles)*, 1953
ders., *The Bruges Money Market around 1400*, 1969

3. Monographien

Città, Mercanti, Dottrine nell'economia europea dal IV al XVIII secolo. Saggi in memoria di Gino Luzzatto, 1964
Studi in onore di Armando Sapori, 2 Bde., 1957 (Artikel)
Studi in onore di Amintore Fanfani, 6 Bde., 1962 (Artikel)
Studi di storia economica toscana nel Medioevo e nel Rinascimento in memoria di Federigo Melis, 1987

a) über Gruppen

Bridbury, A. D., *England and the Salt Trade in the later Middle Ages*, 1955
Carle, M., »Mercaderes en Castilla (1252–1512)«, in: *Quadernos de Historia de Espana*, 1954
Carrère, Cl., *Barcelone centre économique, 1380–1462*, 1967
Casado, H., *Senores, Mercaderes y campesinos. La comarca de Burgos a fines de la Edad Media*, 1987
Delort, R., *Le commerce des fourrures en Occident à la fin du Moyen Age*, 2 Bde., Rom 1978
Dollinger, Ph., *Die Hanse*, 4. erw. Aufl., 1989
Heers, J., *Gênes au XV siècle, Activité économique et problèmes sociaux*, 1971
Johansen, P., »Umrisse und Aufgaben der hansischen Siedlungsgeschichte und Kartographie«, in: *Hansische Geschichtsblätter 73*, 1955
Kedar, B. Z., *Mercanti in Crisi a Genova e Venezia nel '300*, 1981
Lopez, R., »Aux origines du capitalisme génois«, in: *Annales d'Histoire économique et sociale*, 1937
ders., »Profil du marchand génois«, in: *Annales, E.S.C.*, 1958
Luzzatto, G., »Les noblesses. Les activités économiques du patriciat vénitien X.–XIV. siècle«, in: *Annales d'Histoire économique et sociale*, 1937
Mollat, M., *Le commerce maritime normand à la fin du Moyen Age*, 1952
Poliakov, L., *Les Banchieri juifs et le Saint-Siège du XIII. au XVII. siècle*, 1965

Power, E., *Medieval English Wool Trade*, 1941
Reyerson, K. L., *Business, Banking and Finance in Medieval Montpellier*, 1985
Rörig, F., *Wirtschaftskräfte im Mittelalter*, 1959
Thrupp, S., *The Merchant Class of Medieval London*, 1948
Touchard, H., *Le commerce maritime breton à la fin du Moyen Age*, 1967
Van Houtte, J. A., *»Anvers aux XVe et XVIe siècles, expansion et apogée«* in: *Annales, E.S.C.*, 1961, S. 248–278
ders., »The rise and decline of the market of Bruges«, in: *Economic History Review*, 1966, S. 29–47
Van der Wee, H., *The growth of the Antwerp Market and the European Economy*, 3 Bde., 1963
Wolff, Ph., *Commerces et marchands de Toulouse (vers 1350–1450)*, 1954

b) über Familien
Kaeuper, R.W., *Bankers to the crown. The Riccardi of Lucca and Edward I.*, 1973
Petry, L., *Die Popplau. Eine schlesische Kaufmannsfamilie des 15. und 16. Jahrhunderts*, 1935
Wolff, Ph., *Mélanges d'histoire sociale*, 1942

c) über Handelsgesellschaften
Renouard, Y., *Les relations des Papes d'Avignon et des compagnies commerciales et bancaires de 1316 à 1378*, 1942
Roover de, R., *The Rise and Decline of the Medici Bank*, 1963
Ruthenburg, V. I., *Ocherk iz istorii rannego kapitalizma v Italii. Florentiiskie kompanii XIV veka*, 1951
Schulte, A., *Geschichte der großen Ravensburger Handelsgesellschaft 1380–1430*, 3 Bde., 1923.
Sicard, G., *Aux origines des sociétés anonymes. Les moulins de Toulouse au Moyen Age*, 1953.

d) über Individuen
Espinas, G., *Les origines du capitalisme, I: Sire Jehan Boinebroke patricien et drapier douaisien*, 1933
Lane, F. C., *Andrea Barbarigo, merchant of Venice, 1418–1449*, 1944
La Roncière de, Ch.-M., *Un changeur florentin du Trecento: Lippo di Fede del Sega (1285 env.–1363 env.)*, 1973
Lopez, R., *Genova marinara nel Dugento: Benedetto Zaccaria, ammiraglio e mercante*, 1933
Melis, F., »Aspetti della vita economica medievale«, in: *Studi nell'Archivio Datini da Prato, I.*, 1962
Mollat, M., *Jacques Cœur ou l'esprit d'entreprise*, 1988
Stieda, W., *Hildebrand Veckinchusen*, 1921

4. Zivilisation

Baldwin, J. W., *The medieval theories of the just price*, 1959

ders., *Masters, Princes and Merchants*, 1970

Bec, Ch., *Les marchands écrivains à Florence, 1375–1434*, 1967

Branca, V. (Hg.), *Mercanti scrittori. Ricordinella Firenze tra Mediotos e Rinascimento*, 1986

Bresc-Bautier, G., *Artistes, patriciens et confrèries*, 1979

Capitani, O. (Hg.), *L'etica economica medievale*, 1974

Fanfani, A., *Le origini dello spirito capitalistico in Italia*, 1933

Gurevic, A. J., »Il mercante«, in: J. Le Goff (Hg.), *L'Uomo medievale*, 1974

Hocquet, J. Cl. (Hg.), *Le Roi, le marchand et le sel*, 1987

Ibanès, J., *La doctrine de l'Eglise et les réalités économiques au XIII. siècle*, 1967

Johansen, P., »Die Kaufmannskirche im Ostseegebiet«, in: *Vorträge und Forschungen, IV*, 1955–6 (1958)

Kellenbenz, H., »Der italienische Großkaufmann und die Renaissance«, in: *Vierteljahrschrift für Sozial- und Wirtschaftsgeschichte*, 1958

Le Bras, G., Artikel »Usure«, in: *Dictionnaire de théologie catholique*, Bd. XV, 2. Teil, 1950, coll. 2336–2372

Le Goff, J., *Wucherzins und Höllenqualen. Ökonomie und Religion im Mittelalter*, 1988

Maschke, E., »La mentalité des marchands européens au Moyen Age«, in: *Revue d'histoire économique et sociale*, 42 (1964)

Meuvret, J., »Manuels et traités à l'usage des négociants aux premières époques de l'âge moderne«, in: *Etudes d'histoire moderne et contemporaine*, Bd. V, 1953

(dt. Fassung: »Das Berufsbewußtsein des mittelalterlichen Fernkaufmanns«, in: P. Wilpert/W. Eckert (Hg.), *Beiträge zum Berufsbewußtsein des mittelalterlichen Menschen*, 1964, S. 306–335)

Mueller, R. C., »Sull' establishment bancario veneziano, il banchiere davanti a Dio (Secoli XIV–XV)«, in: *Mercanti e vita economica nella repubblica veneta (sec. XII–XVIII)*, 1985, S. 47–103

Nelson, B. N., »The Idea of Usury«, in: *From Tribal Brotherhood to universal Otherhood*, 1949.

ders., »The Usurer and the Merchand Prince: Italian Businessmen and the Ecclesiastical Law of Restitution 1100–1500«, in: *Journal of Economy History*, Supplement 7, 1947, S. 104–122

Noonan, J. T. Jr., *The scholastic analysis of usury*, 1957

Pirenne, H., »L'instruction du marchand du Moyen Age«, in: *Annales historiques, économiques et sociales*, 1929

Renouard, Y., *Etudes d'histoire médiévale*, 1968

Rörig, F., »Les raisons intellectuelles d'une suprématie commerciale: la Hanse«, in: *Annales d'Histoire Economique et Sociale*, I, 1930, S. 481–494

ERGÄNZENDE UND NEUERE LITERATUR ZUM THEMA

Aubin, G., *Bartolomäus Viatis. Ein Nürnberger Großkaufmann vor dem Dreißigjährigen Krieg*, 1940

Aurell i Cardona, J., »Culture marchande et culture nobiliaire à Barcelone au XVe siècle«, *Revue historique*, 613, 2000, S. 33–53

Bautier, R.-H., *Commerce méditerranéen et banquiers italiens au Moyen Age*, 1992

Berlow, R. K., »Development of Business Techniques at the Fairs of Champagne (End 12th century–13th century)«, in: *Studies in Medieval and Renaissance History*, VIII, 1971, S. 3–23

Braudel, F., *Frankreich, Bd. 3: Die Dinge und die Menschen*, 1990

Brennig, H. R., *Der Kaufmann im Mittelalter. Literatur – Wirtschaft – Gesellschaft*, 1993

Brodt, B., »Review Essay: People, Places, and Profit in the Towns of Medieval and Early Modern Europe«, in: *Journal of Urban History*, 26/H. 3, 2000, S. 350–356

Bruchhäuser, H.-P., *Kaufmannsbildung im Mittelalter*, 1989

Cameron, R., *Geschichte der Weltwirtschaft*, 2 Bde., 1991–1992

Chaudhury, S./M. Morineau (Hg.), *Merchants, Companies and Trade. Europe and Asia in the Early Modern Era*, 1999

Day, J., *Money and Finance in the Age of Merchant Capitalism*, 1999

ders., *The medieval market economy*, 1987

Denzel, M. u. a. (Hg.), *Kaufmannsbücher und Handelspraktiken vom Spätmittelalter bis zum beginnenden 20. Jhd.*, 2002

Dini, B. (Hg.), *Una Pratica di Mercatura in Formazione 1394–5*, 1980

Elkar, R. S., »Feder, Tinte und Papier – ungebrauchte Werkzeuge im alten Handwerk«, in: H.-J. Gerhard (Hg.), *Struktur und Dimension*, I, 1997, S. 274–297

Epstein, S. A., *Genoa and the Genoese, 958–1528*, 1996

Epstein, S. R., *Freedom and Growth. The Rise of States and Markets in Europe, 1300–1750*, 2000

Esch, A., »Viele Loyalitäten, eine Identität. Italienische Kaufmannskolonien im spätmittelalterlichen Europa«, in: *Historische Zeitschrift*, 254, 1992, S. 581–607

Fees, I., *Reichtum und Macht im mittelalterlichen Venedig: Die Familie Ziani*, 1988

Feniello, A., »Marchandises et charges publiques: la fortune des d'Afflitto, hommes d'affaires napolitains du XVe siècle«, in: *Revue historique*, 613, 2000, S. 55–119

Fowler, K. A., *Medieval mercenaries, I: The great companies*, 2001
Fried, J., »Kunst und Kommerz. Über das Zusammenwirken von Wissenschaft und Wirtschaft im Mittelalter vornehmlich am Beispiel der Kaufleute und Handelsmessen«, in: *Historische Zeitschrift*, 255, 1992, S. 281–315
Friedland, K., *Die Hanse*, 1991
ders., »Kaufmannsethik und Kaufmannsmoral im hansischen Spätmittelalter«, in: *Gedächtnisschrift Fritze*, 1998, S. 323–326
Fryde, E. B., *Studies in Medieval Trade and Finance*, 1983
Fryde, N. u. W. v. Stromer, »Hochfinanz, Wirtschaft und Politik im Zeitalter der Kreuzzüge«, in: W. v. Stromer (Hg.), *Venedig und die Weltwirtschaft um 1200*, 1999, S. 21–52
Gascon, R., *Grand commerce et vie urbaine au XVIe siècle. Lyon et ses marchands*, 1971
Gilomen, H.-J., »Wucher und Wirtschaft«, in: *Historische Zeitschrift*, 250, 1990, S. 265–301
Goldthwaite, R. A., *Wealth and the Demand for Art in Italy 1300–1600*, 1993
Groebner, V., »Die Kleider des Körpers des Kaufmanns. Zum ›Trachtenbuch‹ eines Augsburger Bürgers im 16. Jahrhundert«, in: *Zeitschrift für historische Forschung*, 25, 1998, S. 323–358
Häberlein, M. / J. Burkhardt (Hg.), *Die Welser. Neue Forschungen zur Geschichte und Kultur des oberdeutschen Handelshauses*, 2002
Helbig, H. (Hg.), *Führungskräfte der Wirtschaft in Mittelalter und Neuzeit 1350–1850*, Bd. I, 1973
Herman, S., *Medieval Usury and the Commercialization of Feudal Bonds*, 1993
Hollberg, C., »Handelsalltag und Spracherwerb im Venedig des 15. Jh.: Das älteste deutsch-italienische Sprachlehrbuch«, in: *Zeitschrift für Geschichtswissenschaft*, 47 / H. 9, 1999, S. 773–791
Hoock, J. / P. Jeannin (Hg.), *Ars Mercatoria. Handbücher und Traktate für den Gebrauch des Kaufmanns. 1470–1820. Eine analytische Bibliographie, Bd. I: 1470–1600*, 1991
Hoock, J. / W. Reininghaus (Hg.), *Kaufleute in Europa. Handelshäuser und ihre Überlieferung in vor- und frühindustrieller Zeit*, 1997
Hoock, J., »Der vollkommene Kaufmann«, in: N. Jörn (Hg.), *»Kopet uns werk by tyden«*, 1999, S. 47–50
Houtte, J. A. van / P. Schreiner, »Handel«, in: *Lexikon des Mittelalters*, IV, 1989, Sp. 1895–1901
Hunt, E. S., *The Medieval Super-Companies. A Study of the Peruzzi Company of Florence*, 1994
Hunt, E. S. / J. M. Murray, *A History of Business in Medieval Europe 1200–1500*, 1999
Irsigler, F., »Erscheinungsbild und Erfahrungswelt des hansischen Kaufmanns«, in: *Beiträge zur hansischen Kultur-, Verfassungs- und Schiffahrtsgeschichte*, 1998, S. 11–22

ders., »Fernhandel, Märkte und Messen in vor- und frühhansischer Zeit«, in: *Die Hanse*, 1999, S. 23–33
Jacks, Ph. / W. Caferro, *The Spinelli of Florence. Fortunes of a Renaissance merchant family*, 2001
Jankuhn, H. / E. Ebel (Hg.), *Organisationsformen der Kaufmannsvereinigungen in der Spätantike und im frühen Mittelalter*, 1989
Jeannin, P., *Les marchands au XVIe siècle*, 1957
Johanek, P. / H. Stoob (Hg.), *Europäische Messen und Märktesysteme in Mittelalter und Neuzeit*, 1996
Kamp, N., »L'ascesa, la funzione e la fortuna dei mercanti di scala nel sec. XIII«, in: *Scala nel medioevo – Centro di Cultura e Storia Amalfitana*, 1997, S. 33–59
Kaye, J., *Economy and Nature in the Fourteenth Century. Money, Market Exchange and the Emergence of Scientific Thought*, 1998
Kellenbenz, H. (Hg.), *Handbuch der europäischen Wirtschafts- und Sozialgeschichte*, Bde. 2 u. 3, 1980–1986
ders., *Die Wiege der Moderne. Wirtschaft und Gesellschaft Europas 1350–1650*, 1991
Labarge, M. W., *Medieval Travellers. The Rich and the Restless*, 1982
Langholm, O., *Economics in the Medieval Schools. Wealth, Exchange, Value, Money and Usury according to the Paris Theological Tradition, 1200–1350*, 1992
Le Marchand au Moyen Age. XIXe Congrès de la Société des historiens médiévistes (Reims 1988), 1992
Lloyd, T. H., *Alien Merchants in England in the High Middle Ages*, 1982
Mackenney, R., *Tradesmen and Traders. The World of the Guilds in Venice and Europe, c. 1250–c. 1650*, 1987
Märtins, R., *Wertorientierungen und wirtschaftliches Erfolgsstreben mittelalterlicher Großkaufleute. Das Beispiel Gent im 13. Jahrhundert*, 1976
Melis, F., *Documenti per la storia economica dei secoli XIII–XVI*, 1972
ders., *I mercanti italiani nell'Europa medievale e rinascimentale*, 1990
Miskimin, H., *Cash, Credit and Crisis in Europe, 1300–1600*, 1989
Monnet, P., »Marchands«, in: *Dictionnaire raisonné de l'occident médiéval*, 1999, S. 627–638
Müller-Wille, M., »Fernhandel und Handelsplätze«, in: *Europas Mitte um 1000*, 1, 2000, S. 128–135
North, M. (Hg.), *Economic history and the Arts*, 1996
ders., *Kommunikation, Handel, Geld und Banken in der Frühen Neuzeit*, 2000
ders. (Hg.), *Kredit im spätmittelalterlichen und frühneuzeitlichen Europa*, 1991
Origo, I., *Im Namen Gottes und des Geschäfts. Lebensbild eines toskanischen Kaufmanns der Frührenaissance. Francesco di Marco Datini 1335–1410*, 1985
Rösch, G., »Wucher in Deutschland 1200–1350«, in: *Historische Zeitschrift*, 259, 1994, S. 593–636

Roseveare, H. (Hg.), *Markets and Merchants of the late seventeenth century. The Marescoe-David Letters, 1668–1680*, 1991
Siems, H., *Handel und Wucher im Spiegel frühmittelalterlicher Rechtsquellen*, 1992
Spufford, M., »Literacy, Trade and Religion in the Commercial Centres of Europe«, in: K. Davids/J. Lucassen (Hg.), *A Miracle Mirrored: The Dutch Republic in its European Context*, 1995, S. 229–283
Spufford, P., *Power and Profit. The Merchant in Medieval Europe*, 2002
Stromer, W. v., *Oberdeutsche Hochfinanz 1350–1450*, 3 Bde., 1970
Thrupp, S. L., *The Merchant Class of Medieval London (1300–1500)*, 1948
Tilly, R., *Geld und Kredit in der Wirtschaftsgeschichte*, 2003
Tophinke, D., *Handelstexte. Zu Textualität und Typik kaufmännischer Rechnungsbücher im Hanseraum des 14. und 15. Jhd.*, 1999
Tracy, J. D. (Hg.), *The Rise of Merchant Empires. Long-Distance Trade in the Early Modern World, 1350–1750. – The Political Economy of Merchant Empires. State Power and World Trade, 1350–1750*, 1990–1991
Verlinden, Ch., »Markets and Fairs«, in: *Cambridge Economic History of Europe*, III, 1963, S. 126–153
Yamey, B. (Hg.), *Double Entry Bookkeeping in Western Europe, 1300 to 1800*, 2000

Rund ums Mittelalter
in Wagenbachs *anderem* Taschenbuch

Georges Duby *Kunst und Gesellschaft im Mittelalter*

Dieses letzte Werk des berühmten französischen Mediävisten beschreibt, wie in dem Jahrtausend zwischen dem Untergang des Römischen Reichs und dem Beginn der Renaissance sich eine Gesellschaft bildet, die sich mehr und mehr als eine europäische versteht.
Und er beschreibt, wie in dieser Gesellschaft eine neue Kunst entsteht – von der Buchmalerei über die ersten Reliquiare und Glasfenster, Skulpturen und Pilgerhallen bis zu den großen Klosterbauten und schließlich den Kathedralen.

Aus dem Französischen von Horst Günther. Deutsche Erstausgabe
SVLTO. Rotes Leinen. Fadengeheftet. 144 Seiten mit vielen Abb.

Vito Fumagalli *Mathilde von Canossa*

Mathilde, Gräfin von Canossa (1046–1115) ist eine der wenigen sichtbaren Frauen in der Männerwelt des Mittelalters. Auf ihrer Burg fand der berühmte »Gang nach Canossa« statt, der den Investiturstreit beendete.

Aus dem Italienischen von Annette Kopetzki. Deutsche Erstausgabe
WAT 305. 128 Seiten mit vielen Abb.

W. Montgomery Watt
Der Einfluß des Islam auf das europäische Mittelalter

Eine allgemeinverständliche Einführung in die islamische Kultur und ihre prägende Rolle für die Geburt der Wissenschaften in Europa.
»Watt gelingt es mühelos, die Bedeutung der islamischen Welt für die geistige Entwicklung Europas deutlich zu machen.«
Johann Michael Möller, Frankfurter Allgemeine Zeitung

Aus dem Englischen von Holger Fließbach. Mit einem Vorw. v. Ulrich Haarmann
WAT 420. 144 Seiten